FALTPLAN

Schreiben Sie uns!

Wir hoffen, dass Ihnen dieser Reiseführer gefällt und er Ihnen ein guter Begleiter auf einer außergewöhnlichen und spannenden Reise ist.

Weil ein Reiseführer von Erfahrungen lebt, sind wir an Ihren Erlebnissen interessiert: Haben Sie im Buch ein Restaurant entdeckt, das es nicht mehr gibt, eine Sehenswürdigkeit, die wir noch nicht aufgeführt haben, oder eine falsche Adresse? Dann schreiben Sie uns!

Wir nehmen jeden Hinweis und jede Kritik ernst und arbeiten kontinuierlich daran, die Bücher aktuell zu halten und immer weiter zu verbessern. Auch wenn wir nicht jeden Wunsch erfüllen können, machen wir uns immer Gedanken über Ihre Anmerkungen.

Schreiben Sie an: info@reise-know-how.de oder Reise Know-How Verlag Peter Rump GmbH, Postfach 140666, 33626 Bielefeld

Wenn sich Ihre Infos direkt auf das Buch beziehen, bitten wir um die Angabe der Seitenzahl und der Auflagennummer bzw. des Erscheinungsjahres. Besonders hilfreiche Beiträge belohnen wir mit einem Sprachführer Ihrer Wahl aus unserer „Kauderwelsch“-Reihe.

Herzlichen Dank und gute Reisen
Ihr Reise Know-How Verlag

Diesem Buch wurde hier ein herausnehmbarer Faltplan b... ch.
Sollte er beim Erwerb des Buches nicht mehr vorhanden sein, ...

Liebe Leserin, lieber Leser,

ein unabhängiger Verlag für unabhängig Reisende – das sind wir, der Reise Know-How Verlag aus Bielefeld, eines der letzten Familienunternehmen in der Branche. Obwohl wir zu den größten Reiseführerverlagen Deutschlands gehören, ist der familiäre Umgang miteinander in allen Bereichen des Verlagslebens zu spüren: In der Geschäftsführung in zweiter Generation, in einer wertschätzenden Arbeitsatmosphäre, in der Nähe zu unseren frei arbeitenden Autorinnen und Autoren, im engen Austausch mit unseren Leserinnen und Lesern – und auch in der Zusammenarbeit mit Druckereien in Deutschland, in denen wir ausschließlich und regional unsere Bücher produzieren. Die sollen schließlich erst mit Ihnen auf große Reise gehen.

Alles, was wir in unsere Bücher und Landkarten stecken, soll Ihnen eines ermöglichen: Auf Ihre ganz eigene, individuelle Weise die Welt zu entdecken. Wir wünschen Ihnen viel Freude und unvergessliche Erlebnisse mit diesem Reiseführer.

Es grüßen herzlich
Peter Rump & Wayan Rump

Willkommen auf Curaçao

Bei meinen ersten Gehversuchen auf Curaçao hatte ich zeitweise das Gefühl, ich sei trotz Langstreckenflug in Holland gelandet. Nur, dass irgendjemand das Licht aufgedreht und unzählige Palmen und Kakteen an die Strände gepflanzt hatte. Die enge Verbundenheit mit den Niederlanden ist allgegenwärtig und führt zu so manch skurrilem Moment. Aber gerade die ungewöhnliche Mischung aus holländischer Gelassenheit und karibischer Lebenslust macht das besondere Flair der Insel aus.

Wer hierher kommt, stellt schnell fest: Curaçao macht einfach glücklich. Ob Romantiker, Wassersportler oder Naturliebhaber – die kleine Antilleninsel zieht mit ihrer Magie jeden in den Bann. Kein Wunder, denn sie hat viel zu bieten. Auf den gerade einmal 444 km² drängeln sich unzählige Traumstrände mit perfekt geschwungenen Palmen. Das Meer glitzert so türkis, dass man sich ungläubig die Augen reibt. Von der faszinierenden Unterwasserwelt ganz zu schweigen. Curaçao wird nicht umsonst regelmäßig zu einem der weltbesten Tauch- und Schnorchelreviere gekürt.

Trotz der Schönheit ihrer Insel, die längst kein Geheimnis mehr ist, haben es die Curaçaoner geschafft, einen gemäßigten Tourismus zu betreiben. Das Preisniveau ist für die Karibik noch moderat. Bettenburgen gibt es kaum, weite Landstriche sind vollkommen unberührt. Am Wochenende liegen Inselbewohner und Urlauber einträchtig nebeneinander im warmen Sand. Auch für Sie ist da noch ein schattiges Plätzchen frei. Ich zeige Ihnen gerne, wo.

Die Autorin

Barbara Ward (geb. 1978) packte früh das Reisefieber. Schon das Laufen lernte sie an einem holländischen Strand. Mit 17 ließ sie sich die Schulferien für einen zweimonatigen Aufenthalt in Chile vom Direktor höchstpersönlich verlängern. Später lebte sie in Spanien, Australien und Schottland. Nach einer Ausbildung zur Werbekauffrau und einem Studium der Medienwissenschaft, Politik und Völkerkunde begann Barbara Ward zu schreiben. Für Zeitschriften und Onlinemedien verfasste sie Reiseberichte aus der ganzen Welt, von den Seychellen über Chile bis hin zu Irland und Marokko.

Nach Curaçao verschlug es die Autorin vor einigen Jahren eher zufällig. Seitdem kehrt sie immer wieder auf ihre Lieblingsinsel zurück.

090cu-bw

Meine

006cu-bw

1 Handelskade [F7]
Die farbenfrohen Häuschen der Hafenpromenade von Willemstad zählen zum UNESCO-Weltkulturerbe. Nach einem Rundgang durch die Altstadt entspannt man hier bei einem kühlen Polar-Bier. Gegenüber schlendern Passanten über die schwimmende Queen Emma Bridge 11 und luxuriöse Kreuzfahrtdampfer ziehen gemächlich vorüber (s. S. 17).

003cu-bw

7 Plasa Bieu (Alter Markt) [F7]
Täglich dampfen die eisernen Kessel der Köchinnen in der Plasa Bieu, der alten Markthalle. Auf den Holzkohlegrills bereiten die Frauen vorzügliche karibische Küche zu. Zum kleinen Preis bekommt man hier Leguan, Okraschoten oder herzhafte Papayagerichte. Samstags gibt es die auf der ganzen Insel berühmte Kaktussuppe namens *kadushi* (s. S. 21).

007cu-ctb©www.curacao.com

59 Cas Abao [C4]
An diesem makellosen Puderzuckerstrand werden karibische Träume wahr: Palmen wiegen sich im Wind und das wunderbar kristallklare Wasser liegt spiegelglatt vor der von Felsen gesäumten Bucht. Hier kommen Faulenzer und Familien gleichermaßen auf ihre Kosten (s. S. 75).

008cu-bw

63 Christoffelpark mit Savonet Museum [B2]
Das zerklüftete Naturreservat liegt im rauen Westen der Insel. Unberührte Buchten, versteckte Höhlen und die facettenreiche Tierwelt Curaçaos erwarten die Besucher. Wer die Hitze nicht scheut, wandert auf den 375 m hohen Sint Christoffelberg, die höchste Erhebung der Insel. Alle anderen können das Areal bequem mit dem Auto erkunden (s. S. 78).

Lieblingsorte

56 Coral Estate [C5]

Der ideale Ort für einen relaxten Tag am Meer. Zum angesagten Bar-Restaurant Karakter Curaçao gehört ein kleines Felsplateau mit Sonnenliegen, Sofaecken und Pavillons. Hier genießt man einen 180-Grad-Blick auf den schier endlosen, türkisblauen Ozean. Über ein paar Stufen gelangt man ins Wasser und wird von schillernden Papageienfischen begrüßt (s. S. 71).

091cu-bw

71 Playa Kalki [A1]

Ein wunderbares Revier zum Schnorcheln und Tauchen mit einem zauberhaften Namen: Die Einheimischen nennen die Bucht am westlichen Ende der Insel Alice in Wonderland. Denn hier schubsen sich so viele bunte Meeresbewohner durch das Korallenriff, dass man sich wie in einer Traumwelt fühlt (s. S. 86).

005cu-ctb©www.curacao.com

33 Landhuis Bloemhof [G7]

Das charmante Landhaus Bloemhof hat sich zu einem lebhaften Treffpunkt für Kulturliebhaber gemausert. Im Garten hängen Bücher in den Bäumen, in den alten Ställen ist das einstige Studio einer echten Kunstpionierin erhalten. Die spektakuläre Dornenkathedrale lässt Besucher staunen (s. S. 49).

092cu-bw

Auf dem Karneval

Wer die Insel zum „Fest der Feste" besucht, erlebt das wilde Treiben hautnah: Tanz und Paraden, Partys und Livemusik auf den Straßen – selbstverständlich alles in Bonbonfarben. Der Karneval auf Curaçao ist eines der größten Feste der Karibik und definitiv eine Reise wert (s. S. 104).

009cu-ctb©www.curacao.com

Inhalt

Bewertung der Sehenswürdigkeiten

★★★ nicht verpassen
★★ besonders sehenswert
★ wichtig für speziell interessierte Besucher

Planquadrat im Kartenmaterial

[A1] Orte ohne diese Angabe liegen außerhalb unserer Karten. Ihre Lage kann aber wie die aller Ortsmarken mithilfe der begleitenden Web-App angezeigt werden (s. Anhang).

Updates zum Buch

www.reise-know-how.de/inseltrip/curacao24

Im Westen Curaçaos bringen die Fischer ihren Fang stets frisch in die Restaurants (Abb.: 001cu-ctb)

Precizzo

Benutzungshinweise

Orientierungssystem

Die in den folgenden Kapiteln beschriebenen Attraktionen sind mit einer **fortlaufenden magentafarbenen Nummer** gekennzeichnet, die sich als Ortsmarke im Faltplan oder Detailplan wiederfindet. Steht die Nummer im Fließtext, verweist sie auf die Beschreibung dieser Attraktion.

Die Angabe in **eckigen Klammern** verweist auf das Planquadrat im Faltplan. Beispiele:
11 Queen Emma Bridge ★★★ [F7]

Alle weiteren Points of Interest wie Unterkünfte, Restaurants oder Cafés sind mit einer Nummer in **spitzen Klammern** versehen. Anhand dieser eindeutigen Nummer können die Orte in unserer speziell aufbereiteten Web-App unter www.reise-know-how.de/inseltrip/curacao24 lokalisiert werden (s. S. 143). Beispiel:
› **Hibiscus Beach House** €€€ <047>

Beginnen die Points of Interest mit einem **farbigen Quadrat,** so sind sie zusätzlich im Detailplan eingezeichnet:
■ **BijBlauw** €€ <012>

Der Schmetterling ...

... zeigt an, wo man besonders gut Natur erleben kann oder Angebote im Bereich des nachhaltigen Tourismus findet.

Kinder-Tipps

Das Symbol kennzeichnet Sehenswertes, Unterkünfte und Aktivitäten, an denen auch kleine Urlauber ihre Freude haben.

Vorwahl

Die Vorwahl für Curaçao lautet **+5999.** Sie ist bei allen Tel.-Nr. im Buch stets mit angegeben.

Adressangaben

Auf Curaçao gibt es **nicht immer Hausnummern.** In manchen Adressen steht der **Hinweis z/n** (*zonder nummer,* „ohne Nummer") oder das englische **n/n** *(no number).* Oft ist also nur die Straße genannt. Bei sehr langen Straßen sind Orientierungspunkte oder Straßenkreuzungen ergänzt.

Namen und Schreibweisen

Aufgrund des Sprachen-Mix aus Papiamentu, Niederländisch und Englisch haben viele Orte auf Curaçao **verschiedene Namen.** Aus der Blue Bay wird auf dem Straßenschild die Blauwbaai. Der Mambo Beach 31 wird z. B. auch Bapor Kipra genannt. Genauso **variiert die Schreibweise.** Den Alten Markt etwa findet man als Plasa Bieu 7 und als Plaza Bieu, Banda Ariba auch als Bandariba. Verwendet werden in diesem Buch die Namen bzw. Schreibweisen, die vor Ort **am geläufigsten** sind.

Preiskategorien

Unterkünfte

Preise für ein Doppelzimmer ohne Frühstück:

€	bis 80 €
€€	80–100 €
€€€	100–150 €
€€€€	über 150 €

Restaurants

Preise für ein Hauptgericht:

€	bis 10 €
€€	10–20 €
€€€	20–30 €
€€€€	über 30 €

013cu-ctb©www.curacao.com

Curaçao im Überblick

„Dushi Curaçao“, so nennen die Einwohner ihre Insel liebevoll und auch mit ein wenig Stolz. *Dushi* heißt so viel wie „Schatz“, aber auch „süß“ oder „hübsch“. Hat man den Namen seines Gegenübers vergessen oder braucht man den Kellner – mit *Dushi* liegt man immer richtig. Das Wort begegnet einem auf Curaçao tagtäglich.

Für die Menschen auf Curaçao ist einfach alles *dushi,* was schön ist, und davon gibt es viel auf der Karibikinsel: Die bunt gepinselten Giebel der **alten Kolonialhäuser** beispielsweise, welche die Inselhauptstadt Willemstad so sehr an Amsterdam erinnern lassen. Oder die **perlweißen Strände** im Westen der Insel. Die **gigantischen Kakteenbäume** und die **eleganten Flamingos**, die sich als pinkfarbene Tupfer in den wolkenlosen, blauen Himmel schwingen. All das ist *dushi, dushi Curaçao* eben.

Das Wort *dushi* stammt aus dem **Papiamentu.** Die Kreolsprache hat spanische, afrikanische, portugiesische, englische und niederländische Wurzeln. Papiamentu ist neben Niederländisch die zweite Amtssprache der Insel.

Auf Curaçao blüht ein freundlicher und lebhafter Mix der Kulturen. Den **niederländischen Bezug** findet man in Form von *frikandel* und Co. sogar auf der Speisekarte (s. S. 106), schließlich gehört Curaçao bis heute zum Königreich der Niederlande. Auch die **Nähe zu Südamerika** prägt das Inselleben. Im Radio wechseln sich Latinoschnulzen mit Sambahits ab; auf dem berühmten Floating Market (Schwimmenden Markt) 9 bieten Gemüsehändler aus Venezuela ihre Waren feil. Viele Einheimische sprechen daher besser Spanisch als Englisch.

Spürbar sind außerdem die **afrikanischen Einflüsse**, die auf den einst regen **Sklavenhandel** zurückgehen. Schätzungsweise eine halbe Million Afrikaner durchliefen Curaçao bis zur offiziellen Abschaffung der Sklaverei im Jahr 1863. Die auf Curaçao weit verbreitete **Tambu-Musik** brachten ursprünglich die Afrikaner auf die Insel. Ihre eindringlichen Trommelrhythmen waren lange Zeit die einzige Ausdrucksform der Unterdrückten. Man hört sie noch heute auf den Folklorefesten und in Bars. Wichtige Monumente aus dieser Zeit sind die vielen **Landhäuser** (s. S. 46) der Insel. Zahlreiche dieser alten Plantagenhäuser sind längst umgestaltet und als Museum, Restaurant oder Galerie öffentlich zugänglich.

Unter den rund 151.000 Einwohnern tummeln sich heute Menschen aus über fünfzig Nationen. Entsprechend vielfältig geht es auf der Insel zu.

016cu-bw

Dushi, das Lieblingswort der Curaçaoner, in mannshohen Lettern

Vorseite: Fischerboote und kleine Buchten entdeckt man im Inselwesten

Die Handelskade 1 im Lichtermeer: ein Muss für Curaçao-Urlauber

Banda Ariba – das urbane Leben

Der **Osten der Insel** ist das kulturelle und wirtschaftliche Zentrum Curaçaos. Im sogenannten Banda Ariba (auch Bandariba) wohnt die überwiegende Mehrheit der Insulaner. Einen Großteil der Fläche nimmt die **Hauptstadt Willemstad** ein. Büros, Behörden und Banken sowie die großen Hotels haben hier ihren Sitz.

Willemstad begeistert nicht nur mit der **farbenfrohen Altstadt,** den verwinkelten Gassen und der berühmten Handelskade 1, einer der wenigen UNESCO-Weltkulturerbestätten der Karibik. Auch die **einzigartige Pontonbrücke,** die seit eh und je die beiden Stadtteile Otrabanda und Punda verbindet, ist für Besucher ein sehenswertes Kuriosum: Die Queen Emma Bridge 11 schwimmt nämlich und schiebt sich per Motor zur Otrabanda-Seite hin, um Schiffe durchzulassen. Einen ganz besonderen Glanz bekommt Willemstad nachts, wenn sich die Lichter der Stadt im Wasser spiegeln – ein Highlight, das man sich nicht entgehen lassen sollte.

KURZ & KNAPP

Corazón – Curaçao – Korsoù

Man geht heute davon aus, dass der Inselname auf die **spanischen Kolonialisten** zurückgeht: Sie nannten das Eiland „Corazón", was auf Spanisch „Herz" bedeutet. **Portugiesische Kartografen** übersetzten den Namen in ihre Sprache, sodass „Coração" daraus wurde. Auf Papiamentu heißt die Insel heute „Kòrsou". Die **Einwohner** nennen sich selbst übrigens „Yu di Kòrsou": „Kind Curaçaos".

Die Hauptstadt hat aber auch eine trendige Seite. Im **Szeneviertel Pietermaai** 21 gibt es originelle Boutiquehotels. Man speist in modernem Ambiente und feiert in coolen Clubs und Bars. Wem der Sinn nach **Strandpartys** steht, fährt eine Bucht weiter zum Mambo Beach 31 und tanzt dort in den Sonnenuntergang.

In der **Jan Thiel Bay** 36 steigen viele Pauschalurlauber ab. Nach dem Shoppen in einer der Strandboutiquen findet sich hier bestimmt der passende Beachclub zum Relaxen. Von der Jan Thiel Bay ist es nicht weit bis **Spanish Water** 37. Im östlich gelegenen

019cu-ctb©www.curacao.com

018cu-bw

Villenviertel rund um die gleichnamige Bucht lassen sich die Traumhäuser der Rockstars und Hollywood-Schauspieler vom Wasser aus bewundern.

Urlauber, die ihre Zeit etwas ruhiger, aber nicht gleich im Nirgendwo verbringen möchten, sind in der ebenfalls sehr beliebten **Piscadera Bay** 28 gut aufgehoben. Die kleine Bucht schmiegt sich im Westen direkt an das Stadtgebiet von Willemstad. Bekannte Hotelketten und großzügige Bungalowanlagen heißen Besucher willkommen. Die lauen Abende verbringt man hier beim Candle-Light-Dinner unter im Wind schaukelnden Lichterketten direkt am Strand.

Auch Kulturbegeisterte kommen auf Curaçao auf ihre Kosten. Seit einigen Jahren boomt die **lokale Kunstszene.** Es gibt Freilichtausstellungen, immer mehr bunte Wandmalereien und zahllose Kulturevents. Nicht selten gehen Natur und Kunst dabei Hand in Hand.

In Banda Abou ticken die Uhren anders. Der Tourismus ist hier noch recht gemäßigt.

Banda Abou – eine Oase der Ruhe

Banda Abou ist der **wilde Westen der Insel**, zumindest landschaftlich gesehen. Ansonsten geht es hier eher ruhig und gemächlich zu. Es gibt einige Dörfer, deren Anzahl immer mehr abnimmt, je mehr man sich der **letzten Siedlung Westpunt** (s. S. 83) nähert. In den **Tokos**, den kleinen Kiosken entlang der Straße, kann man den Einheimischen beim Dominospielen zuschauen. Ziegen kreuzen die Straßen und auf dem aufgeheizten Asphalt faulenzen quietschgrüne und knallblaue Leguane. Wer die Abgeschiedenheit liebt und Ruhe und Erholung sucht, findet im Westen der Insel sein Glück.

Im teils schroffen Banda Abou verstecken sich nämlich Curaçaos **sonnenverwöhnte Traumstrände** wie der **Cas Abao** 59 oder der filmreife **Grote Knip** 68. Bei einem leichten Lüftchen mit Blick auf das türkisblaue Meer ziehen die Stunden unbemerkt vorüber. In klaren Nächten spannt sich über Banda Abou ein sagenhafter Sternenhimmel. Auch die **beiden größten Nationalparks**, der **Christoffelpark** 63 und der **Shete Boka National Park** 64, liegen im Nordwesten. Die Küste ist hier rau und ungezähmt; die Gischt spritzt meterhoch die Klippen hinauf. Tagesausflügler, die zuvor nur die sanften Strände der Südküste besucht haben, erkennen das Karibische Meer hier kaum wieder. Besonders eindrucksvoll ist das **Naturschauspiel Watamula** 72 an der Westspitze. Der kräftige Seegang spült Meerwasser in das grobporige Vulkangestein hinein und wieder hinaus. Dabei entsteht ein Geräusch, als würde die Küste tief Luft holen. Auf der Insel hat Watamula deshalb einen vielsagenden Spitznamen: „der Atem Curaçaos".

Unterwegs auf Curaçao

Mit dem **Mietwagen** (s. S. 117) lässt sich Curaçao am besten erkunden. Der Verkehr ist zumeist entspannt und die Insel so überschaubar, dass man sich kaum verfahren kann. Und wenn doch, entdeckt man meist per Zufall einen wunderbaren Ort – ein Künstleratelier, ein Schnorchelparadies oder eine schnuckelige Bäckerei. Es gibt eine Vielzahl an sehenswerten Ausflugszielen, die man sich im Rahmen eines Tagestrips ansehen kann. Egal, wo man startet: Zu den meisten Orten benötigt man kaum mehr als eine Stunde Anfahrt.

Busse (s. S. 132) sind für Urlauber kaum zu empfehlen; der öffentliche Nahverkehr ist zwar sehr günstig, jedoch nicht besonders zuverlässig. Außerdem erreicht man mit Bussen lediglich die Hauptorte der Insel und verpasst die vielen versteckten Geheimnisse Curaçaos. Und gerade diese machen den Reiz der Insel aus.

Inselsteckbrief

- **Lage:** Curaçao liegt in der südlichen Karibik rund 60 km vor der Küste Venezuelas.
- **Fläche:** Mit einer Fläche von 444 km² entspricht die Insel etwa der Größe des Kölner Stadtgebiets. Bei einer Länge von 70 km ist Curaçao sehr schmal: An der breitesten Stelle liegen die Küsten lediglich 16 km auseinander, auf der Höhe von Grote Berg gerade einmal knapp 4 km.
- **Höchste Erhebung:** Sint Christoffelberg (375 m)
- **Verwaltung:** Lange gehörte Curaçao zusammen mit den Schwesterinseln Bonaire und Aruba (den sog. ABC-Inseln) zu den Niederländischen Antillen. Seit dem 10. Oktober 2010 ist Curaçao ein unabhängiger Landesteil innerhalb des Königreichs der Niederlande.
- **Bevölkerung und Religion:** Rund 151.000 Menschen leben auf Curaçao, davon über 100.000 in der Hauptstadt Willemstad. 80 % der Bevölkerung sind katholisch, darüber hinaus gibt es jüdische, protestantische und muslimische Gemeinden.
- **Wirtschaft:** Die Coronapandemie hat zu großen Besuchereinbrüchen geführt. Trotzdem gehört der Tourismus neben dem Offshore-Banking (also den Bankgeschäften anderer Staaten, die hier weniger Regulierungen unterliegen als in ihrer Heimat) weiterhin zu den wichtigsten Einnahmequellen der Insel. Ob die alte Ölraffinerie, die jahrelang Devisen ins Land spülte, reaktiviert wird, steht noch in den Sternen.

Inselhauptstadt Willemstad

Willemstad ist die Hauptstadt Curaçaos und im Prinzip die einzige Stadt auf der Antilleninsel. Der natürliche Hafen und die Altstadt mit ihren kunterbunten Kolonialbauten gehören zu Recht seit 1997 zum **UNESCO-Weltkulturerbe.** Hier findet man einige der beeindruckendsten historischen Viertel der gesamten Karibik.

Entgegen allen Gerüchten: Willemstad ist nicht nach einem König der Niederlande benannt. Die quirlige Inselhauptstadt erhielt ihren Namen bereits 1634 vom damaligen Statthalter Willem. Das **niederländische Königreich** – dem Curaçao bis heute angehört – entstand erst knapp 200 Jahre später. Im 17. Jh., als die Niederländer den Spaniern die Karibikinsel endgültig abknöpften, hieß das „Mutterland“ noch Republik der Sieben Vereinigten Provinzen.

Zu dieser Zeit war Curaçao zwar recht unbekannt, aber strategisch interessant. Längst war klar, dass die Insel für die Landwirtschaft weitgehend ungeeignet ist. Die erfolgreichen niederländischen Kaufmannsdynastien brauchten Curaçao viel eher als Umschlagplatz. So begannen die neuen Inselherren, das Gebiet östlich der **Sint Annabaai (Santa Anna Bay)**, dem Eingang zum natürlichen Hafen Willemstads, zu besiedeln. *De Punt* („der Punkt“) – das heutige **Punda** – spross aus dem Boden. Eines der ersten großen Gebäude war Fort Amsterdam 4, das heute als Regierungssitz dient.

Der Handel mit den spanischen, französischen und englischen Kolonien florierte. Willemstad wurde zu einem wichtigen **Handelsposten der Niederländischen Westindien-Kompanie.** Dadurch schwoll *De Punt* schnell zu einer typischen Hafenstadt an. So beschloss man, ab 1707 auch „die andere Seite“ der Wasserstraße Sint Annabaai zu bebauen – die Geburtsstunde des Viertels **Otrabanda.** Seitdem ist Willemstad sozusagen eine **geteilte Stadt.**

Glücklicherweise überqueren Bewohner und Besucher die Wasserbarriere heute recht bequem zu Fuß. Denn bereits im Jahr 1888 wurde die **Queen Emma Bridge** 11 errichtet. Die Pontonbrücke ist keine feste Uferverbindung, sondern wird bei Bedarf geöffnet, um Schiffen die Durchfahrt zu ermöglichen. Diese Konstruktion ist einzigartig in der Welt und ein Zeugnis von Willemstads früher Fortschrittlichkeit. Die Insulaner nennen die Pontonbrücke liebevoll „Swinging Old Lady“.

Abgesehen von dem kurzen Spaziergang über die Brücke, der zum Pflichtprogramm gehört, gibt es einen weiteren Grund, Otrabanda zu besuchen: Das **Kurá-Hulanda-Village** 14 ist ein historisches Viertel mitten in Otrabanda. Der sehenswerte Kolonialbestand wurde in den vergangenen Jahren mehrfach umfangreich renoviert. Während der Coronapandemie verfiel das Areal zunehmend. 2023 wurde es mit Geschäften, Gastronomie und einem Hotel wiedereröffnet. Seitdem gehört ein Bummel durch die kopfsteingepflasterten Gassen wieder zum Pflichtprogramm für Urlauber. Die **niederländische Kolonialarchitektur** prägt aber längst nicht nur das Stadtbild Otrabandas: Die insgesamt mehr als 750 denkmalgeschützten, farbenfrohen Gebäude verteilen sich auch auf die drei übrigen historischen Distrikte Punda, Scharloo und Pietermaai 21.

Das Zentrum von Willemstad ist **überschaubar** und sehr **fußgänger-**

Karte siehe Seite 144

freundlich. Auch wenn es warm ist, lässt sich die Stadt am besten per pedes erkunden. In den Gassen gibt es genügend Cafés und schattige Plätzchen für eine Pause. Alle **Sehenswürdigkeiten** liegen nah beieinander: Highlights wie die Handelskade 1, das Wedding Cake House (Kas di Bolo) 27, das Penha-Haus 3, die Mikvé-Israel-Emanuel-Synagoge (Snoa) 6 und die Festungsanlagen Rif Fort 13 und Fort Amsterdam 4 mit der dazugehörigen Fort-Kirche sind alle jeweils nur einen Spaziergang voneinander entfernt. In den eleganten Stadthäusern auf der Punda-Seite der Breedestrad sind heute **Boutiquen und Geschäfte** eingezogen. Hier kann man sich einen Moment unter der Klimaanlage abkühlen, wenn die karibische Sonne es mal wieder allzu gut meint.

Lohnenswert ist auch ein Bummel über den **Floating Market (Schwimmenden Markt)** 9 entlang der Sha Caprileskade. Die Holzstände mit den bunten Dächern biegen sich unter dem Gewicht der Tropenfrüchte, die venezolanische Händler täglich mit dem Boot herüberfahren. Von dort ist es nur noch ein Katzensprung zum **Marshé Nobo (Neuen Markt)** 8, auf dem man herrlich duftende Kuchen, Haifischöl gegen Husten und selbstgemachte Haushaltshelferlein erstehen kann. Auch die „Kräuterhexen" bieten in urigen Marktnischen ihre magischen Zutaten an. Obwohl das Christentum weit verbreitet ist, sind die Menschen auf Curaçao nämlich recht abergläubisch.

In Willemstad mischt sich heute das gesamte Inselleben: **Verwaltung und Regierung** haben hier ihren Sitz. In den nordöstlichen Bezirken bestimmen die großen Einkaufszentren und moderne Wohnviertel das Bild. In der Altstadt hingegen schlendert man über Kopfsteinpflaster und trinkt frischen Saft in schattigen Cafés.

Das kunterbunte Willemstad vor dem Karibischen Meer

Bereits seit über 100 Jahren prägt eine der weltgrößten **Ölraffinerien** das Stadtbild. Ein venezolanischer Staatskonzern produzierte in der Anlage an der Schottegat jahrzehntelang Öl. Der Pachtvertrag wurde 2019 aus politischen Gründen nicht verlängert. Trotz aller Umweltbedenken gibt es aktuell Bestrebungen, die Raffinerie wiederzueröffnen. Schließlich hängen etwa 4500 Jobs mittelbar an der Raffinerie. Ein neuer Pächter war bei Redaktionsschluss aber noch nicht in Sicht.

Eigentlich ist es erstaunlich, dass auf einer kleinen Insel wie Curaçao so viel **urbanes Leben** herrscht. Willemstad ist fröhlich, vielseitig und überraschend. Dabei ist die Stadt nicht bloß eine leere, bonbonfarbene Kulisse. Hier gibt es sogar Berufsverkehr, denn die Wirtschaft Curaçaos dreht sich nicht ausschließlich um den Tourismus, auch wenn dies der größte Devisenbringer ist.

Zugleich ist und bleibt Willemstad eine **alte Hafenstadt**, deren Plätze und Gassen Geschichten aus einer vergangenen Zeit erzählen. Die neuen Szeneviertel mit Clubs und Bars fügen sich perfekt in dieses Ambiente ein. Und selbst ein paar schummrige Ecken gibt es noch – schließlich wäre Willemstad sonst keine richtige Hafenstadt.

Punda

Punda ist Willemstads ältestes Viertel und gewissermaßen die Schokoladenseite der Hauptstadt. Hier reiht sich ein Fotomotiv an das andere, allen voran natürlich die Handelskade 1*, eine Promenade, deren pastellfarbene Giebel eine der berühmtesten Fotokulissen der gesamten Karibik darstellen.*

Punda bedeutet schlicht **„der Punkt“**. So gut wie nichts war an dieser Stelle zu finden, als die holländischen Siedler begannen, hier eine Handels- und Hafenstadt zu errichten. Zum Schutz vor Piraten und Invasionen bauten sie zunächst das Fort Amsterdam 4 und zogen eine imposante **Stadtmauer** um Punda herum, die jedoch später eingerissen wurde. Hinter den festen Mauern florierte der Handel; Wohnhäuser, Büros und Geschäfte sprossen empor.

In Punda lebten zum einen **protestantische Händler** aus Holland, zum anderen **jüdische Kaufleute.** Zwar zogen die jüdischen Familien zu Beginn des 19. Jh. in das benachbarte Scharloo, doch bis heute prägt die Mikvé-Israel-Emanuel-Synagoge (Snoa) 6 das Viertel. Sie ist eine der ältesten Synagogen der westlichen Hemisphäre.

020cu-bw

Albert Kikkert – ein Grünschnabel bekennt Farbe

Wenn man zum ersten Mal das bunte Stadtbild Willemstads sieht, kommt man aus dem Staunen nicht heraus. Die Inselhauptstadt wirkt wie Amsterdam – nachdem es in den Malkasten gefallen ist. Die Farbwahl der Häuserfronten folgt einfach keinem Schema und doch fügt sich alles zu einem fröhlichen Mix zusammen.

Warum das so ist? Nun ja, auf der Insel erzählt man sich gern die Geschichte von Albert Kikkert, der von 1816 bis 1819 Gouverneur von Aruba, Bonaire und Curaçao war. Bei seinem Amtsantritt befahl er, die bis dato weißen Fassaden farbig anzustreichen. Seine Begründung: Das starke Sonnenlicht reflektiere so sehr auf den hellen Flächen, dass er davon ständig Migräne bekäme. Die Hausbesitzer Willemstads machten sich also auf den Weg zur einzigen Farbenfabrik der Insel und folgten dem Wunsch des neuen Gouverneurs.

Nach dem Tod von Albert Kikkert stellte sich heraus, dass dieser – ganz zufällig – nicht gerade wenige Anteile an eben jener Farbenfabrik hielt. Die quietschbunten Fassaden gefielen den Inselbewohnern jedoch und blieben bis heute. Weiße Häuser sind auf Curaçao eher die Ausnahme.

Bis heute ist Punda das **Einkaufsviertel** der Stadt: Es gibt Boutiquen und Galerien, Märkte und Manufakturen, aber auch internationale Geschäfte und Souvenirshops. Bei einem Spaziergang durch die **Fußgängerzone** fällt der im Vergleich zu den verwinkelten Gassen Otrabandas planmäßige, gerade Straßenverlauf auf. Gleichzeitig hält Punda einige **Überraschungen** parat: Unverhofft stößt man auf urige Bars, das Lieblingswort aller Curaçaoner, *dushi* (s. S. 10), als überdimensionale Skulptur oder die unscheinbar wirkende alte Markthalle Plasa Bieu 7, in der kulinarische Kuriositäten aufgetischt werden. Donnerstagabends finden die beliebten **Punda Vibes** statt (s. rechts).

An der Handelskade strahlen die Häuserfassaden um die Wette

1 Handelskade ★★★ [F7]

Die Handelskade ist **Curaçaos Aushängeschild.** Gemeint ist die **Promenade** am östlichen Ufer der Sint Annabaai, jener Wasserstraße, die Willemstad in zwei Teile trennt. Die schmalen **Kolonialbauten** im holländischen Stil ragen wie Spielzeughäuser in Sonnengelb, Himmelblau und Rosarot über das türkisblaue Wasser. Das Motiv ist auf Postkarten und in Zeitschriften um die Welt gegangen, und zwar nicht erst, seit die UNESCO Willemstads Altstadt zum **Weltkulturerbe** erklärte. Für die Farbenpracht zeichnet übrigens der ehe-

MEIN TIPP

Punda Vibes

Jeden Donnerstag finden in Punda die Punda Vibes statt: Die Geschäfte haben länger auf, es gibt Shows, Essens- und Verkaufsstände sowie ein kleines Feuerwerk und Livemusik auf den Straßen. Ein echtes Highlight, das man sich nicht entgehen lassen sollte!

093cu-bw

malige Gouverneur Albert Kikkert (s. S. 17) verantwortlich.

Die historischen Gebäude Willemstads zu erhalten, erfordert einen fortwährenden, hohen Aufwand. Das alte Mauerwerk besteht meist aus einer Mischung aus Korallen, Stein und Beton, der mit Sand aus dem Meer angerührt wurde. Das **feuchte Klima** laugt die Wände aus und lässt die Bauten schnell verfallen. Damit sich die Altstadt ihren kolonialen Charme erhält, müssen die Häuser im Schnitt alle sechs Monate gestrichen werden. Alle zwei Jahre brauchen Putz und Stuck eine Frischekur.

Früher lebten an der Handelskade wohlhabende Kaufmannsfamilien. Heute säumen **Cafés und Restaurants** die Flaniermeile – genau der richtige Ort für eine kleine Pause unter den Bäumen. An sehr heißen Tagen sprühen die Cafés einen feinen Wassernebel auf die Terrassen, für den man als Gast mehr als dankbar ist.

Die **beste Position für ein Foto** ist übrigens die Queen Emma Bridge (11) oder eine der Fähren (s. S. 25). Nach Sonnenuntergang ist die Handelskade besonders schön anzusehen; dann färben die bunten Lichter das nachtschwarze Hafenwasser.

Auf Curaçao stößt man in Straßennamen übrigens immer wieder auf das Wort *kade*. Es bedeutet nichts weiter als **„Kai"** und deutet auf die Lage am Wasser hin.

(2) Punda Hearts ★★ [F7]

Direkt an der Handelskade (1), neben dem Aufgang zur Queen Emma Bridge (11), stehen die Punda Hearts. Dabei handelt es sich um **Herzskulp-**

An den Punda Hearts hängt die geballte Liebe aus aller Herren Länder

turen des Künstlers Carlos Blaaker. Die Skulpturen bestehen aus Metallgeflecht und heißen eigentlich „Lock your love“. Romantiker aus aller Welt sind eingeladen, hier ein **Vorhängeschloss** anzubringen, um ihre Liebe zu besiegeln. Falls man sich dazu entscheidet, ist man in royaler Gesellschaft: Sogar das niederländische Königspaar Willem Alexander und Máxima brachte an seinem 21. Hochzeitstag, nämlich am 2. Februar 2023, ein Vorhängeschloss an. Es trägt die Initialen WA und M sowie das Hochzeitsdatum.

3 Penha-Haus ★★ [F7]

Wer die Queen Emma Bridge 11 überquert, läuft automatisch auf das Penha-Haus zu. Das **gelbe Eckhaus** an der Herrenstraat und der Handelskade 1 kann man kaum übersehen. Es gehört zu den **ältesten Kaufmannshäusern Pundas** und stammt aus dem Jahr 1707.

Seinen Namen erhielt das Haus, als die Penha-Familie es im Jahr 1865 für ihr neu gegründetes Unternehmen erwarb. Auch heute noch betreibt die Gründerfamilie mehrere elegante **Parfümerien** auf Curaçao; hinzu kommen Filialen auf benachbarten Inseln wie Aruba, St. Maarten, den Kaimaninseln und St. Thomas. Das Penha-Haus in Willemstad ist nach wie vor der Flagship-Store.

› Heerenstraat 1, www.jlpenha.com

4 Fort Amsterdam mit Fortchurch Museum ★★ [F7]

Das Fort Amsterdam ist **eines der ältesten Gebäude Curaçaos.** Die **Niederländische Westindien-Kompanie** begann den Bau kurz nach der Eroberung der Antilleninsel im Jahr 1634. Das Fort diente als Befestigung und Schutz vor Angriffen anderer europäischer Handelsmächte. Die Anlage wurde mit drei Meter dicken Mauern und schwerer Artillerie ausgerüstet. Auch der Direktor der Niederländischen Westindien-Kompanie zog in die ehrwürdigen Mauern ein. Nach und nach wurde die Festung erweitert: Neben der Kirche (Baujahr 1796) entstanden auch Truppenunterkünfte, Lagerhäuser und ein Wasserspeicher.

Seinen Namen erhielt das Fort von einer Abteilung innerhalb der Niederländischen Westindien-Kompanie, die Curaçao damals verwaltete. Dass das Fort unter Beschuss geriet, beweist eine **Kanonenkugel**, die man noch heute in der südwestlichen Wand der Kirche besichtigen kann. Der Legende nach soll kein Geringerer als Admiral **William Bligh** (1754–1817), Kapitän der berühmten Bounty, den Angriff auf Fort Amsterdam im Jahr 1804 befohlen haben.

Anfang des 19. Jh. verlor Fort Amsterdam seine Bedeutung als Festung und wurde im Laufe der Jahre vielseitig genutzt. So diente die Anlage zwischenzeitlich auch als Gouverneurspalast. Heute ist das Fort in einem sehr guten Zustand. Hier befindet sich der **Verwaltungs- und Regierungssitz** der Insel.

Die **Fortchurch** musste im Jahr 1990 kurzzeitig wegen Baufälligkeit schließen. Nach einer aufwendigen Restaurierung konnte sie jedoch bereits im Folgejahr feierlich wiedereröffnet werden. Kurze Zeit später beehrte sogar die damals amtierende niederländische Königin Beatrix die renovierte Fort-Kirche mit einem Besuch.

Die Kirche ist für die Öffentlichkeit zugänglich. Die hier aktive protestantische Gemeinde betreibt für Besucher ein **Museum** mit alten Karten und einer kleinen, aber feinen Sammlung antiker Artefakte. In der Ausstellung

MEIN TIPP

Mit der Lok durch Willemstad

Wer Willemstad gemächlich rollend erleben möchte, unternimmt eine **Trolley Train Tour.** Die rosafarbene Lok zuckelt vom **Fort Amsterdam** (4) durch die Altstadt, vorbei an allen wichtigen Sehenswürdigkeiten. Die Fahrt dauert etwas mehr als eine Stunde.

› **Island Experiences,** www.island-experience.com/curacao-island-tour/willemstad-tour-by-trolley-train, Tel. +5999 6677987, Preise: Erw. 25 US$, erm. 15 US$

können Besucher u. a. antike silberne Kelche, ein Taufbecken aus Mahagoni und Silber sowie einen antiken Bibeltisch sehen, wie er früher in den Landhäusern der Insel genutzt wurde.

› Zugang über Gouvernementsplein oder Wilhelminaplein, www.fortchurchcuracao.com, Tel. +5999 4611139, Mo.–Fr. 9–12 Uhr, Eintritt: Museum 3,50 NAF, Kirche und Museum Erw. 7 NAF, erm. 3,50 NAF

022cu-bw

◁ *Gut geschützt: Die Fortchurch (4) liegt hinter dicken Mauern*

(5) Wilhelminaplein ★★ [F7]

Verlässt man das Fort Amsterdam (4) am östlichen Tor, stößt man nach wenigen Metern auf den Wilhelminaplein. Der **Platz** wurde im Jahr 2012 umfassend renoviert. Im Süden thront das alte **Stadhuis (Rathaus)** über dem kleinen Park, ein Bau im neoklassischen Stil aus dem Jahr 1859 mit dem typischen Säuleneingang und opulenten Freitreppen. Im Giebel ist das goldene Wappen des niederländischen Königshauses Oranien zu sehen. In diesem Gebäude ist heute der Gerichtshof untergebracht. Außerdem tagt hier das Parlament.

Größeren Unterhaltungswert als das Stadhuis haben für viele Curaçao-Urlauber die **überdimensionalen Buchstaben** auf der kleinen Wiese am Wilhelminaplein. Das **Inselmotto „Dushi Curaçao“** reckt sich in übergroßen, rot-blau-gelben Lettern in den Karibikhimmel. Bewohner und Besucher machen sich gleichermaßen einen Spaß daraus, die Wörter zu erklimmen oder zu umarmen und hier für Fotos zu posieren. Regelmäßig finden auf dem beliebten Platz Märkte, Partys und Livekonzerte statt. „Leute gucken“ geht hier immer.

(6) Mikvé-Israel-Emanuel-Synagoge (Snoa) mit Museum ★★★ [F7]

Die **ewige Flamme** der Snoa brennt durchgängig seit 1732. Damit handelt es sich um eine der ältesten Synagogen der westlichen Hemisphäre. Ihre Gemeinde ist jedoch noch um einiges älter: Die Niederländische Westindien-Kompanie brachte bereits in den 1650er-Jahren jüdische

Karte siehe Seite 144

Kaufleute auf die Insel. Es handelte sich um **sephardische Juden**, die einst vor der spanischen Inquisition nach Holland geflohen waren. Die jüdische Gemeinde auf Curaçao wuchs schnell an. Im 17. und 18. Jh. lebten etwa 2000 Juden auf dem Eiland.

Ein Besuch der Synagoge ist ein besonderes Erlebnis. Schon beim Betreten über den ruhigen Hof ist das quirlige Treiben im Punda-Viertel von einer Sekunde auf die andere vergessen. Selbst die eigenen Schritte hört man nicht, denn ihre Geräusche werden vom **Sand auf dem Boden** verschluckt. Die Gemeinde erinnert so an die 40-jährige Wanderung der Israeliten durch die Wüste Sinai. Ferner bezieht sich der Sand auf Gottes Versprechen an Abraham, seine „Nachkommen zahlreich [zu] machen wie die Sterne am Himmel und den Sand am Meeresstrand" (Gen. 22, 17). Für die Gemeinde auf Curaçao hat der Sand aber noch eine weitere Bedeutung, denn er verweist auf die Zeit der **spanischen Inquisition**, als die Juden während geheimer Treffen die Geräusche ihrer Schritte und Gebete durch Sand zu dämpfen versuchten. Ursprünglich hat die Gemeinde den Sand aus Israel importiert. Heute stammt er aus der Karibik.

Im Inneren erwartet die Besucher ein **ungewöhnlicher Kontrast** aus glänzendem Mahagoniholz und kalkweißen Wänden. Bronzene Kronleuchter und purpurne Glasfenster strahlen im einfallenden Sonnenlicht um die Wette. Früher nahmen Frauen und Männer in der Synagoge unterschiedliche Plätze ein: Die Frauen saßen oben auf der Galerie, die Männer im unteren Bereich. Seit 1964 ist die Geschlechtertrennung aufgehoben.

In zwei angrenzenden Gebäuden ist das **Jewish Historical Cultural Museum** untergebracht. Die ausgestellten Thorarollen gehören zu den wertvollsten Schätzen der Ausstellung.

› Hanchi Snoa 29, www.snoa.com, Tel. +5999 4611067, Mo.–Fr. 9–16.30 Uhr, Eintritt: Synagoge inkl. Museum 10 US$

7 Plasa Bieu (Alter Markt) ★★★ [F7]

Plasa Bieu (auch Plaza Bieu) sieht von außen nicht gerade nach einem touristischen Muss aus. Die **alte Markthalle** in verwaschenem Grün wirkt wenig einladend. Dabei ist sie das Zentrum der Gastlichkeit in Willemstad. Zur Mittagszeit, wenn draußen die Karibiksonne ihren Höchststand erreicht, rühren die Köchinnen schon seit Stunden in ihren brodelnden Töpfen.

Bis 1975 war in diesem Gebäude tatsächlich der Markt untergebracht. Als der Marshé Nobo (Neue Markt) 8 direkt nebenan gebaut wurde, verließen die Händler die Plasa Bieu. Einige Jahre später eröffneten die ersten **Garküchen** und boten in der leeren Halle **preisgünstigen Mittagstisch** an. Mittlerweile ist der alte Markt eine feste Institution im Inselleben.

Aufgetischt werden nur **traditionelle Gerichte** Curaçaos: *Tutu,* ein würziges Bohnengericht, *yambo,* eine Suppe mit Okraschoten, gebratene Papaya, Kürbispfannkuchen und natürlich *funchi,* die Polenta-Variante, die auf Curaçao zu jedem Essen dazugehört. Wer sich auch an exotischere Aromen wagt, probiert einen Leguan-Eintopf oder das inoffizielle Nationalgericht *kadushi,* eine Kaktussuppe, die Sklaven erfanden. Letztere gibt es jedoch nur an Samstagen.

Während die Töpfe in den Garküchen dampfen, kommen die trägen Ventilatoren kaum nach, die stehen-

023cu-ctb©www.curacao.com

de Hitze zu vertreiben. Nichtsdestotrotz sind die Bänke täglich schnell gefüllt. Urlauber und Curaçaoner löffeln in dem schummrigen Licht großzügige Portionen aus einfachen Plastikschüsseln – ein echtes Erlebnis.

› De Ruyterkade, Mo.–Sa. 10–15, So. 11–14 Uhr

8 Marshé Nobo (Neuer Markt) ★★ [F7]

Der Neue Markt ist in einem Rondell, dem **Plasa Rondo**, untergebracht, und liegt nur einen Steinwurf vom Plasa Bieu 7 entfernt. Die Europäische Gemeinschaft schenkte Curaçao den Bau 1975. Das neu errichtete Gebäude ersetzte die alte Halle und war einige Zeit lang der **wichtigste Markt der Insel.** Mit den Jahren verlor der Neue Markt jedoch an Bedeutung, insbesondere, da auch auf Curaçao die Supermärkte Einzug hielten.

Heute wird die Halle von einer **Stiftung** betrieben. Noch immer bieten Händler verschiedenste Waren an. Am Vormittag lockt der Duft von hausgemachtem Kuchen die Kundschaft an. Es gibt aber auch viele **landestypische Utensilien** wie *palu di lele,* einen hölzernen Handmixer, zu kaufen, dazu Seifen, Honig und diverse Arzneimittel. Vor allem die **gefärbten Öle** wie *zeta di koko* (Kokosöl), *zeta di tribon* (Haifischöl) und *zeta di karpata* (Rizinusöl) stehen hoch im Kurs.

In einigen Nischen haben sich außerdem **„Kräuterhexen"** eingemietet. Sie verkaufen **Tinkturen und Talismane** für jeden Bedarf. Besonders beliebt ist auf Curaçao das *blijf hier*-Pulver, das Ehefrauen ihren abtrünnigen Gatten ins Essen mischen. Die „Kräuterhexen" sind in der Regel harmlos, agieren aber nicht gerne als Touristenattraktion. Es empfiehlt sich, ihnen mit Respekt zu begegnen und besser keine Fotos zu schießen.

Vor dem Eingang zum Marshé Nobo gibt es einige **Souvenirstände.**

› De Ruyterkade, Mo.–Sa. 9–18 Uhr

△ *Insulaner und Urlauber mischen sich an den langen Tischen der alten Markthalle Plasa Bieu* 7

■ Karte siehe Seite 144

9 Floating Market (Schwimmender Markt) ★★ [F7]

Der knapp 200 m lange **Open-Air-Markt** galt lange als eine der Hauptattraktionen der Insel. Obst- und Gemüsehändler aus dem nur rund 60 km entfernten Venezuela bieten hier seit Generationen ihre Waren an. Der Clou: Die Händler leben auf den mitunter recht **kleinen Holzbooten**, die sie entlang der Sha Caprileskade festmachen. Neben exotischen Früchten, schmackhaften Wurzeln und saftigem Gemüse aus allen Regionen Südamerikas gibt es auf dem Schwimmenden Markt auch fangfrischen Fisch. Aufgrund der **Sanktionen gegen Venezuela** kommen die Händler allerdings nur noch unregelmäßig, oft auch gar nicht mehr ins Land. Der Floating Market ist daher abhängig davon, ob Curaçao die Grenzen zu Venezuela geöffnet hat. Wenn nicht, füllen in der Regel **lokale Händler** die Marktstände mit ihren Waren.

› Ufer an der Sha Caprileskade, Mo.–Sa. ab 9 bis ca. 17 Uhr

10 Postmuseum ★ [F7]

Das kleine Postmuseum unweit des Floating Market 9 ist ein Kleinod für Liebhaber. In dem **alten Kolonialbau** aus dem Jahr 1693 befindet sich eine vollständige Sammlung aller Briefmarken Curaçaos bzw. der Niederländischen Antillen. Einige seltene internationale Stücke, historische Briefkästen und Briefwaagen runden die Ausstellung ab.

› Kaya Toni Prince, Tel. +5999 4658010, www.cpostinternational.com/postmuseum, Di.–Fr. 10–16 Uhr, Eintritt: Erw. 2 US$, erm. 1 US$

Otrabanda

Otrabanda heißt wortwörtlich „die andere Seite". Erst zu Beginn des 18. Jh., als Punda bereits aus allen Nähten platzte, bebauten die holländischen Kolonialherren auch das Gebiet westlich der Sint Annabaai. Darum hieß der neue Stadtteil zunächst auch Westwal („Westwall"). Erst später wurde daraus Overzijde, „die andere Seite". Der heutige Papiamentu-Name Otrabanda (auch Otrobanda) greift diese Bedeutung ebenfalls auf.

Otrabanda war und ist ein **klassisches Arbeiterviertel.** Die ersten Baugenehmigungen erhielten Lagerhäuser und „Vergnügungsstätten". Vielerorts wurde wild durcheinander gebaut. Darum zieht sich durch Otrabanda ein Labyrinth aus verwinkelten Gassen. Entlang der **Hauptstraße**, der **Breedestraat**, kann man noch heute die typische Architektur der damali-

MEIN TIPP

Schiffe gucken

In Otrabanda befinden sich gleich **zwei Kreuzfahrtterminals:** Die riesigen Luxusliner können am **Mega Pier** und etwas kleinere Schiffe am **Mathey Wharf** anlegen. Wann welches Kreuzfahrtschiff auf Curaçao zu bestaunen ist, erfährt man auf der Website der Hafenbehörde.

› **Infos:** https://hms.curports.com (Menüpunkt „Cruise Ships")

024cu-bw

☐ *Kreuzfahrtschiff in Otrabanda*

025cu-bw

gen Zeit bestaunen: Die Häuser haben zur Straßenseite hin große Balkone, die Säulen aufweisen. Auch in der Hoogstraat und der Frederikstraat reihen sich **stolze, elegante Herrenhäuser** aneinander. Allerdings sollte man sich hier vorsichtig bewegen, die Gegend rund um die Breedestraat gilt als Umschlagplatz für Drogen.

In Otrabanda stehen zwischen den renovierten Kolonialschönheiten aber auch **vergessene Schätzchen**, an denen der farbenfrohe Putz herabbröckelt. In den Seitenstraßen schmiegen sich bescheidene Eigenheime in allen Farben der Karibik aneinander. Es gibt chinesische Bars, billige Märkte und – natürlich – jede Menge **Sneks** (s. S. 108): Die Kioske servieren nicht nur einheimische Küche, sondern sind das Herz jeder Nachbarschaft. Mit diesem Mix versprüht Otrabanda einen ganz eigenen, **authentischen Charme.** Wer mehr erfahren möchte, dem sei eine **Stadtführung durch Otrabanda** (s. S. 28) ans Herz gelegt.

Nachts sollte man die menschenleeren Gassen Otrabandas jedoch meiden, da sich hier der eine oder andere Drogendealer herumtreibt.

11 Queen Emma Bridge ★★★ [F7]

Schon seit 1888 tut sie unaufhörlich ihren Dienst: Die schwimmende Queen Emma Bridge verbindet die beiden zentralen Stadtbezirke Punda und Otrabanda. Sie ist 167 m lang, fast 10 m breit und schwimmt auf 16 sogenannten **Pontonbooten.** Darum hat sie bei den Einheimischen den Spitznamen **„Swinging Old Lady“.**

Immer wenn Luxusliner, Tanker oder Segler die Passage durchfahren möchten, wird die Queen Emma Bridge zur Otrabanda-Seite hin geöffnet. Zur Warnung ertönt kurz vorher eine **Sirene.** Wichtig ist auch die **Flaggenfarbe** am Führerhäuschen auf der Punda-Seite: Ist die Fahne orange, haben Fußgänger noch Zeit. Erst wenn eine blaue Flagge gehisst wird, ist Eile geboten, denn dann wird die Brücke bald geöffnet. Fußgänger dürfen übrigens ruhig auf der geöffneten Brücke stehen bleiben; es kann jedoch ein Weilchen dauern. Alle anderen bringen in dieser Zeit

Wahrzeichen von Willemstad: die Queen Emma Bridge

kostenfreie Fähren, die *ponchi*, über den Kanal.

Den offiziellen Namen erhielt die Brücke von **Emma von Waldeck und Pyrmont** (1858–1934). Als zweite Ehefrau Wilhelms III. war sie Königin der Niederlande und Großherzogin von Luxemburg. Den Bau leitete **Leonard B. Smith** (siehe unten), ein amerikanischer Konsul. Willemstad wuchs zu dieser Zeit immer schneller, sodass eine feste Verbindung von Otrabanda und Punda notwendig wurde. Für eine traditionelle Brückenbefestigung an Land hätte man jedoch bestehende Häuser abreißen müssen. Die schwimmende Brücke bot einen praktischen Ausweg. Diese Konstruktion ist **weltweit einzigartig.**

In frühen Tagen wurde für die Überquerung der Brücke eine Mautgebühr erhoben: Fußgänger mussten 2 Cent berappen, Pferdefuhrwerke sogar 25 Cent. Wer keine Schuhe trug, durfte die Brücke kostenfrei benutzen, schließlich war die Armut offensichtlich. Es stellte sich jedoch heraus, dass die Armen sich oft Schuhe liehen, um zahlen zu dürfen, während die gut Betuchten ihre Schuhe auszogen, um zu sparen. Seit der Eröffnung der Queen Juliana Bridge 16 im Jahr 1974 queren **nur noch Fußgänger** die Queen Emma Bridge und das völlig **kostenfrei** – ganz egal ob mit oder ohne Schuhwerk.

› **Zugang:** Auf der Otrabanda-Seite gelangt man vom Brionplein 12 auf die Queen Emma Bridge. Auf der Punda-Seite legt die Brücke am südlichen Ende der Handelskade 1 an.

12 Brionplein ★ [F7]

Zwischen der Queen Emma Bridge 11 und dem Rif Fort 13 liegt der Brionplein. Auch hier säumen die typischen Kolonialbauten den **rechteckigen Platz.** Eine Handvoll Bäume spendet Schatten. Während viele Reisende nur vorübergehen, ist der Brionplein für die Anwohner ein **beliebter Treffpunkt.** Der hübsche Spielplatz mit Klanginstrumenten wird von den Kindern rege genutzt, während die Erwachsenen einen nachbarschaftlichen Plausch halten.

Benannt ist der größte und wichtigste Platz in Willemstad nach **Luis**

Leonard B. Smith – der Mann, der das Eis brach(te)

Der spätere Erbauer der Queen Emma Bridge 11 – **Leonard Burlington Smith** (1839–1898) – segelte zum ersten Mal im Jahr 1876 mit seinem Schoner in Curaçaos Sint Annabaai. Als er im gleichen Jahr das zweite Mal die Karibikinsel ansteuerte, hatte er sein Schiff vollgeladen mit Eis und Holz aus seiner Heimat am Penobscot River im US-amerikanischen Maine. Das Eis verpackte er zum Schutz vor der tropischen Sonne in einer dicken Schicht Holzspäne, sodass es unterwegs nicht schmolz.

Vor Ort eröffnete Smith zwei Eishäuser im Hafen und verkaufte ein Pfund Eis für je 2 Ct., was damals einem kleinen Vermögen entsprach. Mit einem Trick überzeugte er die skeptischen Insulaner von seinem innovativen Produkt: Er servierte gekühltes Bier. Die Idee schlug ein wie eine Bombe. Bereits ein Jahr später kehrte er erneut nach Curaçao zurück, um sich dort mit seiner Frau und seinen vier Kindern niederzulassen. Das Eisgeschäft führte er erfolgreich weiter und wurde später sogar zum Konsul ernannt.

Brión (1782–1821). Geboren in Otrabanda, unterstützte er den venezolanischen Freiheitskämpfer Simón Bolívar an der Front und mit seinem Vermögen. 1821 kehrte er erschöpft in seine Heimat zurück und verstarb kurze Zeit später. Die **Statue** zu seinen Ehren ist ein Geschenk Venezuelas. An ausgewählten Sonntagen (meist am Monatsende) wird der Brionplein zum **Tanzparkett.** Von 16 bis 18 Uhr versammeln sich **Tango-Begeisterte** und bieten allen Zuschauern eine ansteckende Show unter freiem Himmel. Selbstverständlich ist jeder herzlich eingeladen, selbst eine heiße Sohle aufs Parkett zu legen.

13 Rif Fort ★★ [F7]

Schon seit 1829 thront die **imposante Festungsanlage** über der Sint Annabaai. Damals zählte das Fort stolze 56 Kanonen. Wann immer Gefahr drohte, spannte man eine schwere Eisenkette vom Rif Fort hinüber zum Fort Amsterdam 4, um die Hafeneinfahrt vor Feinden zu schützen – so auch während des Zweiten Weltkrieges, als deutsche U-Boote entdeckt wurden. Deutsche Truppen wollten die Ölraffinerie – damals die größte der Welt – zerstören, da die Alliierten von dort ihr Öl bezogen. Zu dieser Zeit war das Fort mit 32 Maschinengewehren ausgestattet. Nach dem Zweiten Weltkrieg ließen sich erst die Regierung und dann die Polizei zwischen den dicken Mauern nieder.

Heute fungiert das Rif Fort als beliebter **Unterhaltungskomplex.** Zahlreiche **Geschäfte, Restaurants und Bars** sind in das ehrwürdige Bauwerk eingezogen. Aus den oberen Stockwerken öffnet sich der Blick auf die Handelskade 1 und das karibische Meer. Samstagabends gibt es Livemusik (nur während der Saison).

› Zugang über Gouverneur Van Slobbeweg/Brionplein, www.shoprenaissancecuracao.com, Eintritt frei

14 Kurá-Hulanda-Village mit Museum ★★★ [F7]

Kurz nachdem Willemstad als Weltkulturerbe gelistet wurde, erwarb der niederländische Unternehmer **Jacob Gelt Dekker** Ende der 1990er-Jahre Grundstücke auf einem Hügel unweit der Sint Annabaai. Er investierte hier insgesamt sechs Millionen Dollar und ließ die vernachlässigte Gegend damit umfassend restaurieren. Innerhalb von nur zehn Monaten funkelten die historischen Gebäude in neuem alten Glanz.

Auf dem Gelände befindet sich heute das **Boutique-Hotel Kura Botanica** (s. S. 36), dessen Gäste in den wiederhergestellten, pastellfarbenen Kolonialhäusern komfortabel nächtigen. Zwar ist der Hotelbereich für Gäste reserviert, das übrige Viertel mit seinen Cafés, Bars und Restaurants ist jedoch für jedermann zugänglich. Bei einem Spaziergang durch die geschichtsträchtigen Gassen fällt auf, mit welcher Liebe zum Detail gearbeitet wurde. Es gibt Schatten spendende Bäume, einladende Bänke und beeindruckende Wandmalereien. Auf dem großen Dorfplatz sitzt man fast mondän in den Cafés und Al-Fresco-Restaurants. Einige kleine Boutiquen bieten lokales Kunsthandwerk an.

Herzstück des Kurá-Hulanda-Village ist das **anthropologische Museum Kurá Hulanda.** Auf 160 m² dokumentiert es die grausame Verschleppung der Afrikaner in die Karibik durch die Europäer im 17. bis 19. Jahrhundert. Die acht Hauptausstellungen erstrecken sich über 15 Gebäude. Das Museum erzählt die Geschichte vom Beginn des **transatlantischen Skla-**

094cu-bw

venhandels in Westafrika im 15. Jh. über die Bedeutung Curaçaos als Umschlagplatz bis zu den Aufständen und der Befreiungsbewegung.

Am Eingang werden Besucher mit einer **Karte** oder einem **Audioguide** ausgestattet. Damit lässt sich das Museum mühelos auf eigene Faust erkunden. Das Spektrum an Objekten ist groß: Reisetagebücher, 2000 Jahre altes präkolumbianisches Gold, Fossilien, Schädel, Ketten und Käfige veranschaulichen die dunkle Vergangenheit der heute so strahlenden kleinen Insel.

Hinter dem Kurá-Hulanda-Village kann man wunderbar über die Frederikstraat und die Hoogstraat bis zur Van Lennepstraat hinaufbummeln. Diese Wohngegend bietet nicht nur viele **beeindruckende Kolonialbauten**, sondern auch einen **idealen Ausblick** auf den Hafen und gute Fotomöglichkeiten.

Dem Begriff *kurá* (auch *kura*) begegnet man in Willemstad übrigens häufig. Er stammt aus dem Papiamentu und bedeutet soviel wie „Hof" oder „Garten". Kurá Hulanda ist dementsprechend der „holländische Hof".

› **Museum Kurá Hulanda,** Klipstraat 9, www.kurahulanda.com (Menüpunkt „Museum"), Tel. +5999 4629737, Mo.–Sa. 8–16, So. 11–14 Uhr, Eintritt: Erw. 18 NAF/10 US$, Senioren u. Kinder bis 12 J. 12,50 NAF/7 US$, Studenten 14,25 NAF/8 US$

Fast wie eine Zeitreise: die Gassen im Kurá-Hulanda-Village

15 Kurá Agostina ★★ [F7]

Das Kurá Agostina ist eines der **auffälligsten Kolonialgebäude** in Otrabanda. Im Hauptgebäude des Kurá Agostina ist heute das Café und Restaurant **Gouverneur de Rouville** (s. S. 39) untergebracht – ein beliebtes Lokal mit traumhaftem Ausblick auf die Handelskade 1, besonders am Abend.

Das **Grundstück mit bester Hafenlage** kaufte Dorothea Brugman 1737 der Niederländischen Westindien-Kompanie ab. Sie errichtete ein Wohnhaus und einige Anbauten. Das repräsentative Haus wechselte durch Erbe und Verkauf einige Male den Besitzer, blieb aber stets in der Hand gut betuchter Kreise. Rund einhundert Jahre später soll sogar Prinz Willem Hendrik, der jüngere Bruder des niederländischen Königs Willem III., dort genächtigt haben.

Im Jahr 1845 erwarb der spätere **Namensgeber Joseph Antoine Agostini** das Anwesen. Das Kurá Agostina blieb über einhundert Jahre in den Händen seiner Nachfahren. Erst 1967 verkaufte Jacques Ellis den historischen Komplex an die Stiftung für Denkmalschutz. Kurz darauf wurde das Haus aus dem 18. Jh. renoviert. Ende der 1980er-Jahre fielen Teile des Kurá Agostina allerdings einem der auf Curaçao höchst seltenen Wirbelstürme zum Opfer. Darauf folgte eine umfassende **Restaurierung,** im Zuge derer auch einige bauliche Änderungen vorgenommen wurden. Seither erstrahlt das Gebäude in einem satten Dunkelrot.

Der älteste Teil des Anwesens aus dem 18. Jh. erstreckt sich vom De Rouvilleweg 7 bis 13. Das Haus am De Rouvilleweg 5 baute Agostini für seine unverheiratete Tochter Gertrude. Von den Gebäuden am De Rouvilleweg 15–23 sind nur noch Teile der ursprünglichen Bebauung erhalten.

› De Rouvilleweg 5–13 u. 15–23

MEIN TIPP

Stadtführungen durch Otrabanda

Gerade in Otrabanda versteckt sich zwischen bröckelnden Fassaden so manches Juwel. Bei einer **architektonischen Stadttour** mit einer erfahrenen Führerin lernt man diese Seite der Stadt besser kennen. Die gebürtige Curaçaonerin Jacqueline, Betreiberin von Dundu Tours, weiß nicht nur, wo die buntesten und schönsten Gebäude der Stadt stehen, sie kennt auch die Geschichten und stolzen Bewohner dazu.

Auch die **Stiftung Ser'i Otrabanda** hat es sich zur Aufgabe gemacht, Otrabanda in seiner Vielfalt zu erhalten. Teil des Kulturangebots sind interessante Rundgänge mit einheimischen Führern fernab der üblichen touristischen Pfade.

› **Dundu Tours,** www.dundutours.com, Tel. +5999 6842425
› **Ser'i Otrabanda,** www.seriotrobanda.org, Tel. +5999 5203343, 5119239 u. 5123495

027cu-bw

◁ *Das Gouverneur de Rouville (s. S. 39) im Kurá Agostina bietet Kulinarik mit Kolonialcharme*

16 Queen Juliana Bridge ★ [F7]

Als die vergleichsweise kleine Queen Emma Bridge 11 dem regen Verkehr zwischen Punda und Otrabanda nicht mehr standhielt, plante man ihre große Schwester, die Queen Juliana Bridge. Der Bau verlief leider nicht glimpflich: 1967 brach die gesamte Brücke zusammen und begrub 16 Arbeiter unter sich.

Seit 1974 spannt sich die **vierspurige Autobrücke** sicher über den Hafen der Sint Annabaai. Ihre Namensgeberin ist die damals amtierende **niederländische Königin Juliana** (1909–2004). Darum fiel die Eröffnung auch auf den Königinnentag am 30. April, den die Niederländer mit Inbrunst begehen. Damit die Öltanker weiterhin ungestört zur Raffinerie fahren und die Luxusdampfer Curaçaos Hafen ansteuern können, musste die Brücke besonders hoch gebaut werden. Am höchsten Punkt erreicht sie 56 m.

Zwar bietet die Queen Juliana Bridge ein **unübertreffliches Panorama** über die gesamte Altstadt Willemstads und sogar über die Schottegat, den natürlichen Hafen. Dennoch ist sie aus Sicherheitsgründen **für Fußgänger nicht zugänglich:** In dieser Höhe sind die Winde bereits zu stark. Mit ein wenig Glück erwischt man jedoch einen Stau, sodass man genügend Zeit hat, den spektakulären Ausblick zu genießen. Das ist besonders abends zur Rush Hour zwischen 18 und 19.30 Uhr gar nicht so selten der Fall. Dieses Fenster ist gleichzeitig die beste Fotozeit: Erst leuchtet das Stadtpanorama im Sonnenuntergang und kurz danach im Blau der Dämmerung.

› **Zufahrt:** Von der Otrabanda-Seite fährt man über den A. A. de Lannoy-Willems Boulevard, von der Punda-Seite über den Presidente Rómulo Betancourt Boulevard. Die Nutzung ist kostenfrei.

17 Villa Belvedere ★★ [F7]

Villa Belvedere ist eine der prächtigsten **neoklassizistischen Bauten** auf der Insel. Das zweigeschossige, rechteckige Gebäude mit den beiden Walmdächern ist typisch für seine Zeit. Errichten ließ es der spätere **Gouverneur de Rouville** im Jahr 1863. Zunächst diente es ihm lediglich als Wohnsitz. Da der eigentliche Gouverneurspalast im Fort Amsterdam 4 bei seinem Amtsantritt im Jahr 1866 nicht nutzbar war, wurde die Villa Belvedere auch zu seiner offiziellen Residenz.

Das Anwesen wurde im Laufe der Jahre von verschiedenen Familien bewohnt. Zwischen 1973 und 1987 lag das Herrenhaus brach und verfiel zusehends. Dann nahm sich die Stiftung für Denkmalschutz der Villa an und restaurierte das ehrwürdige Gebäude. Heute verbirgt sich hinter der gelb gestrichenen Fassade der Sitz einer Anwaltskanzlei.

› L. B. Smithplein 3, Hoogstraat/ Ecke Belvederestraat

18 Curaçao Rif Mangrove Park ★★ [F7]

Der Curaçao Rif Mangrove Park ist eine noch recht junge Attraktion auf der Insel: Erst im Sommer 2022 öffnete der Park seine Pforten.

Der Erhalt von **Mangrovenwäldern** ist enorm wichtig für das natürliche Gleichgewicht der Erde. Entsprechend ist der Park in erster Linie eine **Klimaschutzmaßnahme.** Er sorgt für bessere Luft und hat die Mückenbestände auf der Insel reduziert. Betrieben und gepflegt wird der Park von der Naturschutzorganisation Carmabi.

Besucher können hier einen interessanten Einblick in das **einzigartige Naturschutzgebiet** erhalten. Der Park kann **per Kajak oder zu Fuß** erkundet werden. Der breite Holzsteg ist leicht und sicher zu begehen, allerdings fehlt es an Geländern, sodass kleine Kinder möglichst an der Hand geführt werden sollten. Der Rundgang ist in 30–45 Minuten zu bewältigen.

Bei einer **Führung** (1½–2 Stunden) erklären die Park Ranger nicht nur Umgebung und Natur, sondern geben auch Einblicke in die Arbeit im Naturschutz und die Instandhaltung des Mangrovenparks.

› Gouverneur van Slobbeweg z/n (ggü. Cruise-Terminal), Tel. +5999 5131681, www.mangrovepark.org, tgl. 8–17, Führungen um 8.30, 10, 12.30, 14 und 15.30 Uhr, Eintritt Park: Erwachsene 10 US$, Kinder 6–12 J. 1,50 US$, Führung 15 US$, Kajak-Tour 20 US$ (bei Redaktionsschluss befanden sich die Kajaks in Reparatur).

19 Curaçao Museum ★★ [F7]

Das Curaçao Museum ist das **älteste Museum** der Insel und gleichzeitig eines der kleinsten. Es öffnete bereits 1948 seine Pforten und ist in einem **ehemaligen Krankenhaus** untergebracht. Früher wurden hier Gelbfieber-Patienten unter Quarantäne gestellt. Dr. Chris Engels und sein Schwiegervater Rudolph Boskaljon funktionierten das leerstehende Gebäude aus dem Jahr 1853 später zum Museum um.

Die **Ausstellungsstücke** ermöglichen in erster Linie einen Einblick in die Geschichte der Antilleninsel vom 18. bis ins 21. Jh. Allerdings lassen sich auch präkolumbianisches und indigenes Handwerk besichtigen. Dachbodenschätze stehen neben Werken internationaler und einheimischer Künstler. Dazu sind viele Artefakte aus der gemeinsamen Geschichte mit den Niederlanden in die liebevoll zusammengestellte Sammlung eingeflossen. Ein **Publikumsmagnet** ist das **Cockpit der SNIP**, dem ersten Flugzeug der Fluglinie KLM, das 1934 von Holland nach Curaçao flog. Mobiliar aus dem 18. und 19. Jh. und eine typische traditionelle Küche auf einer Plantage machen die Inselkultur erlebbar.

Das überschaubare Museum lässt sich in ein bis zwei Stunden erkunden. In **Führungen** erfährt man Wissenswertes über lokale Sitten und Bräuche aus der Vergangenheit und der Gegenwart Curaçaos. Auch ein Spaziergang durch den mit Skulpturen bestückten **Garten** lohnt sich.

› Van Leeuwenhoekstraat z/n, https://hetcuracaosch.museum, Tel. +5999 4626051, Di.–Fr. 8.30–16.30, Sa. 10–16 Uhr, Eintritt: Erw. 8,75 NAF/5,50 US$, erm. 4,50 NAF/3 US$

20 Fort Waakzaamheid ★ [F7]

Ab 1634 bauten die **Holländer** zur Verteidigung der Insel mächtige Forts. Acht davon sind bis heute erhalten. Eine der kleineren Festungen ist Fort Waakzaamheid, errichtet im Jahr 1803. Damals drohte der Insel die **französische Invasion.** Im Jahr 1804 soll das Fort sogar von Kapitän Bligh belagert worden sein, der die legendäre Bounty kommandierte.

Im Zweiten Weltkrieg nutzten die **Amerikaner** das Areal. Sie bauten Baracken und errichteten einen Beobachtungsposten. Denn die Lage bietet einen ungestörten Blick über Otrabanda und die Hafeneinfahrt. Die neuen Hausherren bestückten das Fort mit 37-mm-Gewehren, später sogar mit Flugabwehrgeschützen. Heute ist das Fort ein **Aussichtspunkt.**

› **Anfahrt:** über Gouverneur van Landsbergweg

㉑ Pietermaai ★★★ [F7]

In Pietermaai zeigt Willemstad seine kosmopolitische Seite. Das kleine Viertel östlich von Punda ist stark im Kommen. Noch vor wenigen Jahren sah der Stadtteil längst nicht so fein aus wie heute. In den letzten Jahren haben hier coole Bars und Open-Air-Restaurants eröffnet – und zwar direkt am Wasser. Studenten und Szenegänger treffen sich zu einem Cocktail oder einer Clubnacht.

Die **Entrepreneure** des Viertels haben sich zu einer eingeschworenen Gemeinschaft zusammengeschlossen, die es sich zum Ziel gemacht hat, Pietermaai als **kulturelles Zentrum der Insel** zu etablieren. Darum ist hier viel Bewegung: Verfallene Häuser werden herausgeputzt und erwachen kurze Zeit später als Boutiquehotel oder Poolbar zu neuem Leben. Der Veranstaltungskalender ist voll: Das Viertel organisiert **Livekonzerte, Festivals und Kunstevents.** Mancher nennt Pietermaai sogar das Soho Curaçaos.

Ursprünglich sind weite Teile des Viertels durch den **Abriss der Stadt-**

MEIN TIPP

Jetset für einen Tag

Der **Saint Tropez Ocean Club** in Pietermaai ㉑ ist ein schicker Beachclub direkt am Wasser. Von hier aus kann man zwar nicht ins Meer springen, aber dafür in einen Infinity Pool. Von den Liegen und Strandhäuschen aus genießt man einen ungestörten Blick auf die Karibik, während man bei Lounge-Musik und hervorragenden Drinks entspannt. Allerdings sind die Preise dem Ambiente entsprechend gepfeffert. Für den gleichen Preis erhält man an anderer Stelle durchaus besseres Essen. Die Cocktails sind jedoch top und montags etwas preiswerter. Dazu wird ein Sushi-Menü angeboten. Da der Beachclub nicht allzu groß ist, wird es besonders am Wochenende schnell voll.

■ **Saint Tropez Ocean Club** €€€€ <001> Pietermaai 152, Tel. +5999 4617 727, www.sainttropezcuracao.com, Mo.–Do. 8–24, Fr./Sa. bis 1, Happy Hour tgl. 18–19 Uhr, Eintritt: 15 NAF (inkl. Liege, WLAN und Pool)

Szenegänger sind in Pietermaai richtig, hier im BijBlauw (s. S. 37)

028cu-bw

029cu-ctb©www.curacao.com

Häuserfassaden in Scharloo: an Farbe wird nicht gespart

mauer entstanden. Denn Teile der **Waaigat**, des östlichen Arms der Sint Annabaai, wurden mit Überresten der Mauer zugeschüttet, sodass neues Land entstand. Benannt wurde die Gegend nach **Pieter de Meij**, einem Plantagenbesitzer, der 1674 aus Brasilien nach Curaçao kam. Sein Grundstück lag in der Nachbarschaft und galt als Bezugspunkt für den noch jungfräulichen Stadtteil.

Pietermaai war seit jeher ein **lebendiges Viertel.** Reeder und Kapitäne bauten hier ihre Wohnhäuser, aber auch Beamte, Kaufleute, Handwerker und befreite Sklaven siedelten sich an. 1882 errichteten Missionare eine **Kathedrale,** die Cathedral of the Queen of the Most Holy Rosary, um die „afrikanischen Heiden" zu christianisieren. Die Kirche am Julianaplein wurde vor wenigen Jahren renoviert.

Die **alte Tradition,** abends vor dem Haus zu sitzen und dem Treiben auf der Straße zuzuschauen, haben die Bewohner bis heute beibehalten. Wer also auf dem Weg zum Abendessen an den Anwohnern vorbeikommt, grüße sie freundlich. Es gehört zum guten Ton, dass Besucher „Bon nochi", also einen guten Abend, wünschen.

› https://pietermaaidistrict.com

Scharloo

Das kleine Scharloo im Norden der Altstadt steht ein wenig im Schatten der beiden großen Stadtteile Punda und Otrabanda. Eigentlich schade, denn die vielen restaurierten Herrenhäuser erzählen Geschichten aus goldenen Zeiten.

Der Aufstieg Scharloos begann, als **gebildete, jüdische Familien** aus den recht engen Häusern entlang der Handelskade 1 nach luxuriöseren Wohnsitzen suchten. Otrabanda war zu Beginn des 19. Jh. bereits fest in protestantischer Hand. Also zogen die vermögenden Kaufmannsfamilien in den Bereich **nördlich der Waaigat,** des östlichen Arms der Sint Annabaai. Hier errichteten sie opulente, klassische Bauten im **italienischen Stil**, ganz anders als ihre alten Behausungen entlang der Handelskade in Punda. Die Bauten waren noch viel farbenprächtiger und wurden mit aufwendigen Dekors verziert. Noch heute tragen viele Häuser die italienischen Wappen aus dieser Phase.

Ein **typischer Wohnsitz** in Scharloo ist u-förmig angeordnet und besitzt einen säulengesäumten Eingangsbereich. Nach hinten haben die Häuser meist eine offene Galerie, ähnlich eines spanischen Patios. Um Gerüche im Haus zu vermeiden, liegt die Küche meist im Westen des Hauses, sodass der Passatwind für frische Luft sorgt. Die Ähnlichkeit der einzelnen Gebäude spiegelt die enge Verbundenheit der jüdischen Nachbarschaft wider.

Nach dem **Zweiten Weltkrieg** verließen die Kaufmannsfamilien ihre Villen, da der Unterhalt immer teurer wurde. Denn seit die Ölraffinerie den Arbeitern gut bezahlte Stellen bot, war es schwierig geworden, Personal für die Herrenhäuser zu bekommen. Der einst vornehme Stadtteil wurde mehr und mehr sich selbst überlassen.

In den 1970er-Jahren begannen die ersten, zaghaften Wiederbelebungsversuche. Heute ist Scharloo dank der Hilfe engagierter Bewohner, zahlungskräftiger Investoren und der Stiftung für Denkmalschutz weitestgehend restauriert. **Banken, Unternehmen und Teile der Inselverwaltung** haben sich hier angesiedelt. Wer die kleine Queen Wilhelmina Bridge 22 überquert, wird mit Blicken auf Curaçaos **architektonische Schmuckstücke** belohnt, beispielsweise das Wedding Cake House 27 oder die Villa Maria 23. Bei einem Bummel entlang des Scharloowegs 25 werden die Blütetage des Viertels fast wieder lebendig.

22 Queen Wilhelmina Bridge ★ [F7]

Die etwas unscheinbare Queen Wilhelmina Bridge ist die **schnellste Verbindung zwischen Scharloo und Punda.** Ursprünglich baute man 1928 eine Klappbrücke. Für die jüdischen Bewohner Scharloos war die Fußgängerbrücke von großer Bedeutung, denn in Punda befand sich auch schon damals die Mikvé-Israel-Emanuel-Synagoge (Snoa) 6. Nachdem das Dock in Waaigat zerstört wurde, entstand an der gleichen Stelle eine feste Brücke. Die Queen Wilhelmina Bridge ist ein guter Standort für Fotos vom Floating Market 9.

23 Villa Maria ★★ [F7]

Die Villa Maria begrüßt alle Besucher Scharloos, die zu Fuß über die Queen Wilhelmina Bridge 22 in das historische Viertel gelangen. Über der heute **hellgrünen Fassade** thronen Dreiecksgiebel, die typisch für den neogriechischen Baustil sind. Auch die imposanten weißen Säulen erinnern an **hellenische Tempel.**

Erbaut wurde das Herrenhaus zwischen 1885 und 1888. Bis in die 1960er-Jahre blieb der Bau ein Wohnhaus. Erst gegen Ende der 1990er-Jahre erwarb die Stiftung für Denkmalschutz das Anwesen. Heute kann man die Villa Maria für Hochzeiten buchen.

› Van de Brandhofstraat 6

24 Curaçao Maritime Museum ★★ [F7]

Für eine kleine Insel ist der Hafen überlebenswichtig. **Curaçaos Hafen** spielte in der internationalen Schifffahrt immer wieder eine große Rolle. Das liegt vor allem an der günstigen Lage, denn hier treffen die internationalen Handelsrouten des Atlantiks aufeinander. Als zu Beginn des 20. Jh. die Linie zwischen Amsterdam, New York und Curaçao eingerichtet wurde, entwickelte sich die Sint Annabaai schnell zu einem der wichtigsten Anlaufhäfen für Frachter aus Europa.

Das Museum führt die Besucher durch **500 Jahre Seefahrtsgeschichte.** Zu sehen gibt es nautische Karten, Modelle und Geräte rund um die Schifffahrt. Schon die Innenausstattung mit den Planken, Bullaugen und weißen Geländern, die an eine Reling erinnern, ist den Besuch wert.

Ein zweiter Ausstellungsbereich widmet sich der **Historie der Ölraffinerie.** Im Museum steht nämlich eine Miniaturversion der großen Anlage an der Schottegat. Während einer Führung wird die voll funktionstüchtige Mini-Raffinerie sogar in Betrieb genommen.

Im **Culture Deli Cafe** (s. S. 38) kann man sich eine Mittagspause gönnen; es gibt zudem einen Shop.

› N. van den Brandhofstraat 1, www.curacaomaritime.com, Tel. +5999 4652327, Di., Mi., Do., Sa. 10.30–15.30 Uhr (zusätzl. geöffnet an Tagen, an denen Kreuzfahrtschiffe im Hafen liegen)

MEIN TIPP

Kulinarische Führung

Jeden Dienstag gibt es eine kulinarische Führung durch das **Curaçao Maritime Museum** 24. Die Tour endet mit einem Mittagessen im **Culture Deli Cafe** (s. S. 38). Dort werden typische Inselgerichte wie Stoba Sandwich serviert. Vegetarische Optionen sind vorhanden.

Die Tour findet um 12 Uhr in niederländischer Sprache statt. Um 13.30 Uhr gibt es eine Führung auf Englisch, aber ohne Lunch.

› Di. 12 Uhr, 39,50 NAF/23 US$ inkl. Essen, Führung ohne Lunch: Di. 13.30 Uhr, 17.50 NAF/10 US$. Eine Voranmeldung ist erforderlich unter info@curacaomaritime.com bzw. Tel. +5999 4652327

Nautisches Flair im Curaçao Maritime Museum 24

25 Scharlooweg ★★ [F7]

Der Scharlooweg ist quasi die **Flaniermeile** des Viertels. Hier reihen sich die altehrwürdigen Prachtbauten aneinander wie Perlen auf einer kunterbunten Kette. Sie alle aufzuzählen, sprengt den Rahmen dieser Seiten. Highlights sind neben dem Wedding Cake House (Kas di Bolo) 27 das pinkfarbene Generalkonsulat Venezuelas (Scharlooweg 9), die Anwesen Beau Sejour (Scharlooweg 55) und La Maria (Scharlooweg 72–76) sowie das Herrenhaus mit der Hausnummer 100. Am besten flaniert man einfach die Straße entlang und lässt sich von den **Bonbonfarben** der Häuser in den Bann ziehen. Im Parque Leyba (mit kleinem Spielplatz) gibt es zudem einen überlebensgroßen **Fisch aus Recyclingmaterial** zu bestaunen. Von hier ist es nur ein Katzensprung zum Curaçao Maritime Museum 24.

26 Simón-Bolívar-Denkmal ★ [F7]

Am Bolívarplein steht eine Statue zu Ehren des venezolanischen Freiheitskämpfers **Simón Bolívar** (1783–1830). Bolívar wird als Führer der südamerikanischen Unabhängigkeitsbewegung gegen die spanischen Kolonialisten vielerorts als Held verehrt. Während der Revolten in Venezuela floh er zeitweise **nach Curaçao ins Exil.** Hier wurde er von einer angesehenen jüdischen Kaufmannsfamilie versorgt. Später kehrte er nach Südamerika zurück und war maßgeblich am Unabhängigkeitskampf in Peru, Panama, Kolumbien und Venezuela beteiligt. Nach dem Sieg gegen die Spanier benannte man das bis dato als Alto-Perú bekannte Bolivien nach seinem Befreier.

Laut der **Inschrift** ist die Statue ein Geschenk aus dem Jahr 1947. Die venezolanische Regierung übergab das Denkmal an „das edle Volk Curaçaos als Beweis der tiefen und dauerhaften Freundschaft" zwischen den beiden Ländern.

› Bolívarplein

27 Wedding Cake House (Kas di Bolo) ★★★ [F7]

Das **„Hochzeitstortenhaus"** ist tatsächlich so bezaubernd, wie sein Name verspricht. Das blockförmige, **türkisfarbene Gebäude** ist mit so vielen strahlend weißen Details verziert, dass man meint, es sei in einen Topf mit **Zuckerguss** gefallen. Der Legende nach soll es ein reicher Händler seiner Braut zur Hochzeit geschenkt haben.

Obwohl es eines der jüngsten Häuser in der Altstadt Willemstads ist, gehört es zu den meistfotografierten Gebäuden der Insel. Errichten ließ es Henry da Costa Gomez im Jahr 1916. Heute verbirgt sich hinter der historischen Fassade das Nationalarchiv. Es lässt sich **nur von außen besichtigen.**

› Scharlooweg 77, www.nationaalarchief.cw

Infos und Reisetipps

Unterkünfte

■ **Academy Hotel Curaçao** €€€ <002> Prinsenstraat 80, Punda, Tel. +5999 4619319, www.academyhotelcuracao.com. Hier ist der Name Programm: Vornehmlich führen nämlich Nachwuchskräfte und Trainees das Budget-Hotel nicht weit von der Synagoge. Die 40 einfachen Zimmer befinden sich in einem Gebäude, das bereits 1878 als Hotel errichtet wurde. Sie sind mit TV, Safe und Klimaanlage ausgestattet. Frühstück ist im Preis inbegriffen.

■ **Boutique Hotel 't Klooster** €€€ <003> A. de Veerstraat 12, Pietermaai, Tel.

+5999 4612650, www.hotelklooster.com. Das Hotel 't Klooster ist ein außergewöhnliches Stadthotel mitten in Pietermaai. Der Designer Ben Kotmans hat den Staub aus den alten Klostermauern gepustet, dabei aber den Charme des Sitzes der Tilburger Bruderschaft erhalten. Die Zimmer sind geschmackvoll eingerichtet und haben teilweise noch die runden Glasfenster und farbigen Mosaikböden von damals. Die Gäste des sonnengelben Hotels relaxen im Innenhof am kleinen Pool, der von einem tropischen Garten umgeben ist. In der alten Kapelle ist heute das Restaurant Blessing untergebracht.

- **Hotel Scharloo** €€ <004> N. van den Brandhofstraat 12, Scharloo, Tel. +5999 4651012. Das Hotel Scharloo liegt direkt gegenüber vom Schwimmenden Markt. Der quietschgrüne, renovierte Kolonialbau umfasst 20 Gästezimmer. In der historischen Villa sind viele originale Elemente erhalten geblieben, sodass die kleine Anlage ihren karibischen Charme nicht verloren hat. Alle Zimmer besitzen eine Klimaanlage, einen Fernseher, einen Laptop-Safe und einen Kühlschrank. Im begrünten Innenhof wartet ein Pool auf die Gäste.
- **Kura Botanica Hotel** €€€€ <005> Ijzerstraat z/n, Otrabanda, Tel. +5999 6601335, https://kurabotanica.com. Das Kura Botanica hat 2022 eröffnet und gilt als eines der schönsten Hotels der Insel. Das luxuriöse Boutique-Resort erstreckt sich über den nordöstlichen Teil des Kurá-Hulanda-Village 14. Die Doppelzimmer und Suiten befinden sich in historischen und vollständig im alten Stil restaurierten Häusern. Highlight ist der tropische Garten des Hotels mit vielen Sitzgelegenheiten und einem großzügigen Pool. Wer hier nächtigt, hat am nächsten Morgen den Eindruck, in der karibischen Kolonialzeit zu erwachen. Das Hotel heißt ausschließlich erwachsene Gäste willkommen.
- **Mustique Suites** €€ <006> Roodeweg 128, Otrabanda, Tel. +5999 6669363, www.mustiquesuites.com. Die Mustique Suites bieten sehr günstige, geräumige Doppelzimmer mit großen, bequemen Betten. Die Deluxe-Zimmer besitzen zudem eine kleine Küche. Alle Zimmer sind mit Kühlschrank, Klimaanlage, TV und Safe ausgestattet.
- **Pietermaai Apartments** €€€ <007> Pietermaai 51, Pietermaai, Tel. +5999 4650478, www.pietermaaiapartments.com. Hier logiert man in einem renovierten, 200 Jahre alten Gebäude. Nur wenige Schritte vom Meer, zahlreichen Restaurants und der Einkaufsmeile entfernt, wohnt man in ausgesprochen stylish und luxuriös ausgestatteten Apartments. Obwohl der historische Stil erhalten wurde, sind alle Einheiten sehr modern gestaltet. Im Innenhof gibt es einen Pool, umgeben von Bananenstauden.
- **Scuba Lodge** €€€€ <008> Kaya Papa Wilson Godett 104, Pietermaai, Tel. +5999 4652575, www.scubalodge.com. Die Scuba Lodge ist in einem meerblauen Kolonialbau untergebracht. Kater Coco begrüßt die vorwiegend tauchbegeisterten Gäste bereits auf den Treppenstufen. Das Boutiquehotel bietet neben 13 komfortabel ausgestatteten Zimmern auch Apartments. Die Gäste relaxen nicht nur am Pool, sondern auch am hoteleigenen, kleinen Privatstrand mit Café.
- **The Freedom Hotel** €€ <009> 107 Frederikstraat, Tel. +599 94623555, www.thefreedomhotel.com. Modernes Budgethotel in Otrabanda: Die Zimmer sind weiß eingerichtet und mit poppigen Farbelementen gestaltet. Es gibt Doppel-, Familien- und Community-Zimmer für bis zu sechs Personen. Alle Zimmer sind mit TV und Klimaanlage ausgestattet.
- **The Ritz** €€ <010> Scharlooweg 25, Scharloo, Tel. +5999 8449950, www.ritz-vil

Karte siehe Seite 144

lage.com. Nächtigen in der ehemaligen Eiscremefabrik: Im Jahr 2000 gestaltete der neue Besitzer das Gelände um. Entstanden ist ein weitläufiges Hotel mit großzügigen Zimmern und Apartments im modernen Loftstil. Alle Zimmer verfügen über eine kleine Kitchenette. Das Frühstück nehmen die Gäste unter Palmen am Pool ein. Es gibt außerdem einen Minimarkt, eine Wäscherei und eine Autovermietung. Sehr gutes Preis-Leistungs-Verhältnis.

› **Villa Tokara** €€€€ <011> Penstraat 55, Punda, Tel. +5999 4610674, http://villatokara.com. Die knallrote Villa wurde erst vor wenigen Jahren in ein schönes Boutiquehotel verwandelt. Dank der gelungenen Renovierung des historischen Gebäudes strahlen Mosaikfenster, Balkone und die hohen Räume nun in neuem, alten Glanz. Das kleine Hotel mit den 40 m² großen Design-Zimmern führt das holländische Ehepaar Arriën und Maike mit ihren drei Söhnen. Ein Pool, ein Gästewohnzimmer und Terrassen gehören zum Rundum-Wohlfühl-Paket.

Essen und Trinken

■ **BijBlauw** €€ <012> Kaya Papa Wilson Godett 82–84, Pietermaai, Tel. +5999 6500550, www.bijblauw.com, tgl. 8–22, Frühstück 8–11.30, Lunch 11.30–17, Dinner 18–22 Uhr. Das BijBlauw hat sich in kürzester Zeit in die Herzen der Gäste gekocht. In dem Open-Air-Restaurant im trendigen Nautik-Look stehen die Tische direkt am Meer auf einem kleinen Felsplateau. Der Restaurantchef serviert einen vorzüglichen Mix aus urbanen Gerichten mit einem Schuss Karibik. Vegetarische Optionen sind jederzeit bestellbar. Die Karte wechselt und ist auf eine angenehme Art überschaubar. Der Service ist außerordentlich zuvorkommend. Der beste Ort, um den Abend unter dem karibischen Nachthimmel bei Meeresrauschen ausklingen zu lassen. Aber Achtung: An rauen Tagen schwappt die See schon mal auf den Teller!

Frittenbude am Meer: unverkennbar ist der niederländische Einfluss auf die Küche Curaçaos

031cu-bw

032cu-ctb©www.curacao.com

■ **Café Copacabana** € <013> Keukenplein, Zugang über die Keukenstraat, Punda, Tel. +5999 6843102. Das Café liegt etwas versteckt auf einem kleinen Platz mitten in der Altstadt. Man biegt um die Ecke und fühlt sich in eine andere Welt versetzt. Die Fassaden sind mit farbenfrohen und eindrucksvollen Murals des Künstlers Esteban Ferrales bemalt. Dazwischen stehen einfache Tische auf dem Pflaster, es gibt keine Autos und keinen Stadtlärm. Serviert werden ordentliche Portionen, frische Smoothies und starker Kaffee. Der perfekte Schattenplatz für eine Stärkung, bevor man weiter die Stadt erkundet.

■ **Cascada Rooftop Bar** €€ <014> Henrikplein, im Elements Hotel, Tel. +5999 6704373, www.cascadacuracao.com, Mo.–Mi. 18–23, Do.–Sa. 18–24, So. 15–23 Uhr. Eine Rooftop-Bar im vierten Stock? Auf Curaçao reicht das locker für einen umwerfenden 360°-Blick über die bunten Häuser Willemstads und das karibische Meer. Die Cascada Rooftop Bar ist aber nicht nur wegen des Ausblicks einen Besuch wert: Cocktails, Tapas und eine moderne Cross-over-Küche überzeugen auch kulinarisch. Und wer rechtzeitig kommt, genießt aus dem Infinitypool heraus den Sonnenuntergang über dem Meer, während der DJ den passenden Sound liefert. Hier läuft die Insel zur Hochform auf!

› **Culture Deli Cafe** €€, im Curaçao Maritime Museum 24, Scharloo, Tel. +5999 5135036, www.facebook.com/Culturedelicafe, Mo.–Sa. 8–14.30 Uhr. Das Culture Deli Cafe im Schifffahrtsmuseum hisst lediglich am Vormittag die Segel. Dafür genießt man hier außerordentlich leckere Sandwichkreationen, Suppen und Eintöpfe zu fairen Preisen. Das Restaurant liegt im ersten Stock und bietet reizvolle Ausblicke auf Punda und den Hafen. Passend zum Museum ist auch das Culture Deli Cafe ganz im nautischen Stil eingerichtet. Ein sehr entspannter Ort, der zum Glück noch nicht allzu überlaufen ist.

› **Fish & Joy Bistro und Weinbar** €€€ <015> Penstraat 57, Tel. +5999

Auf ein Gläschen Grünes in der originellen Netto Bar

4618844, www.fishandjoy.com, Di.–Sa. 17–22 Uhr. Im Fish & Joy muss man sich entscheiden: In der im Kolonialstil eingerichteten, geschmackvollen Weinbar probieren Gäste bis zu 50 verschiedene Weine und Champagnersorten. Im hübschen Restaurantgarten hingegen gibt es kreative Fischgerichte in kleinen Portionen, um möglichst viel Neues kosten zu können. Ganz egal, ob drinnen oder draußen, das Fish & Joy ist ein toller Ort für einen besonderen Abend. Eine Reservierung ist sinnvoll (online möglich).

- **Fort Nassau** €€€€ <016> Fort Nassauweg z/n, Punda, Tel. +5999 4613450, https://fortnassau.com, Mo.–Fr. 12–14 u. tgl. 18–23 Uhr. Fort Nassau präsentiert sich in einer außergewöhnlichen Szenerie. Das Gourmet-Restaurant befindet sich in einer alten Festung aus dem Jahr 1797 mitten auf einem Felsen und bietet so ein 360-Grad-Panorama von Willemstad. Je nachdem, wo man sitzt, schaut man entweder auf die Queen Juliana Bridge oder auf die Schottegat mit der Raffinerie. Vor allem abends genießt man hier eine grandiose Sicht über das Lichtermeer der Inselhauptstadt. Wer sich das kostspielige Abendessen sparen, auf den Ausblick aber nicht verzichten möchte, fährt mit der Mittagskarte etwas günstiger.
- **Gouverneur de Rouville** €€ <017> De Rouvilleweg 9, Otrabanda, Tel. +5999 4625999, www.de-gouverneur.com, tgl. 10–22 Uhr. Ein Besuch im Gouverneur de Rouville gehört zum Standardrepertoire eines Curaçao-Besuchs. Das familienfreundliche Lokal ist in einem historischen Gebäudekomplex untergebracht und liegt direkt gegenüber der Handelskade. Die Speisekarte ist gefüllt mit abwechslungsreichen Gerichten von einheimisch bis international. Die Tische auf der Galerie mit dem schwarz-weiß gekachelten Boden sind zum Sonnenuntergang schnell vergeben, denn dann ist das Panorama auf die beleuchtete Handelskade nirgendwo schöner. Eine Reservierung ist sinnvoll. Buchungen sind auch online möglich.
- **Kome** €€ <018> Johan van Walbeeckplein 6, Pietermaai, Tel. +5999 4650413, www.komecuracao.com, Di.–Sa. 12–22, Sa. Brunch 11–15 Uhr. Das Kome ist schwer angesagt. Ohne Reservierung ist an den meisten Abenden nichts zu machen. In dem großen Speiseraum mit hoher Decke herrscht sowohl auf der Galerie als auch an den langen Tischreihen stets reger Betrieb und ein lebendiger Geräuschpegel. Der Küchenchef und seine Patissière zaubern kreative Gerichte, die immer wieder überraschen. Es gibt eine außergewöhnliche Tapas-Karte, auf der Speisen wie Calamari im Brezelteig stehen, aber auch klassische Hauptgerichte von Fisch bis Fleisch.
- **Mundo Bizarro** €€ <019> Nieuwestraat 12, Pietermaai, Tel. +5999 4616767, www.mundobizarrocuracao.com, So.–Mi. 12–22, Do.–Sa. 12–22.30 Uhr. Im Mundo Bizarro taucht man in eine wunderbar andere Welt ein. Das Restaurant ist in einem zweihundert Jahre alten Kolonialbau untergebracht. Die Einrichtung ist querbeet und kitschig. Man sitzt auf mehrere Etagen verteilt, auf Balkons und in Nischen. Am Wochenende, wenn der Laden brummt, drängelt sich ein gemischtes Publikum um die mosaikverzierte Bar. Wohnzimmerkonzerte finden im Erdgeschoss auf einer improvisierten Bühne statt. Im Mundo Bizarro präsentiert sich Curaçao ganz von seiner urkaribischen Seite. Eine Reservierung ist vor allem am Wochenende sinnvoll (Buchungen auch online möglich). Donnerstags gibt es ab 21.30 Uhr Livemusik.
- **Netto Bar** € <020> Breedestraat 140, Otrabanda, Tel. +5999 4625188, www.facebook.com/nettobar, Di.–Do. 14–22, Fr., Sa. 14–24, So., Mo. 16–22 Uhr. Die winzige Bar ist ein Origi-

nal, genauso wie ihr Besitzer Netto Kosten. Die Bar gibt es seit fast 70 Jahren und verändert hat sich nicht viel. Dass Netto ausgesprochener Fußballfan ist, kann man nicht übersehen. Jeder Zentimeter ist mit kuriosem Nippes und Andenken von seinen WM-Reisen in den 1970er-Jahren geschmückt. Ärzte, Touristen und Nachbarn sitzen hier nebeneinander an den kleinen roten Tischen und trinken *Rom Bèrdè*, grünen Rum aus eigener Herstellung. Absolut empfehlenswert!

› **OBaAR Brazilian Lounge** €€ <021> Loostraat 3, www.obaarcuracao.com, Tel. +5999 5200010, Di.–Do. 18–1, Fr., Sa. 18–2 Uhr. In der brasilianischen OBaAR Brazilian Lounge geht es bunt zu: Das Haus ist mit Wandmalereien dekoriert, die Bar mit farbigem Licht ausgestrahlt und selbst die Drinks kommen in allen Farben des Regenbogens daher. Das Essen ist hervorragend und spätestens, wenn die Livemusik startet, kann sich niemand mehr der brasilianischen Fröhlichkeit entziehen. Der perfekte Ort für einen schönen Abend mit lateinamerikanischem Feeling.

■ **Plein Café Wilhelmina** € <022> Wilhelminaplein 19–23, Punda, Tel. +5999 4619666 www.pleincafewilhelmina.com, tgl. 7–22 Uhr. Das Plein Café ist der richtige Ort für eine Sightseeing-Pause. Nicht weit vom Stadhuis kann man auf Korbsesseln einen bezahlbaren Snack einnehmen, einen Kaffee trinken und den Leuten auf der Straße zuschauen. Abends gibt es ein wechselndes Gericht für wenig Geld.

■ **The Waterfort Terrace** €€ <023> Waterfortstraat, Punda. Waterfort Terrace, auch Waterfort Boogjes oder Waterfort Arches genannt, ist sozusagen die Verlängerung des Fort Amsterdam. In dem historischen Bau sind heute mehrere Restaurants untergebracht. Besonders abends speist man hier sehr romantisch mit Blick aufs Meer und den Sonnenuntergang. Die Cafés, Bars und Restaurants offerieren ganz unterschiedliche Küchen. Zu empfehlen sind das Fischrestaurant Scampi's und das Steakhaus The Grill King. Im Perla del Mar kommen sowohl Fleisch- als auch Fischfans auf ihre Kosten. Bei der Vielzahl an Restaurants ist noch jeder Hunger gestillt worden.

■ **The Wine Cellar** €€€€ <024> Concordiastraat z/n, Scharloo, Tel. +5999 4612178, www.facebook.com/winecellarcuracao, Mo.–Fr. 12–14 und 18–22, Sa. 18–22 Uhr. An der Grenze zwischen Scharloo und Pietermaai, gegenüber der Kathedrale, befindet sich das Top-Restaurant der Insel. Im Wine Cellar bietet Nico Cornelisse seit über 30 Jahren französische Schlemmereien mit einem Touch Karibik. Vom *Lobster* bis zum Lamm kann man die Speisekarte getrost durchprobieren und liegt nie daneben. Der passende Ort für einen besonderen Abend, der auch mal etwas mehr kosten darf.

■ **Van Gogh Coffee** €€ <025> Pietermaai 25, www.vangoghcoffees.com, Mo.–Fr. 7–16, Sa. 8–16 Uhr. Zugegeben, Kaffee gehört nicht zu den Stärken Curaçaos. Aber für alle Kaffee-Junkies gibt es zum Glück Van Gogh Coffee. Die kleine Rösterei serviert die kräftige Hausmarke auf einer hübschen Veranda mitten im historischen Pietermaai (21). Dazu gibt es eine feine Speisekarte mit Frühstück, Salaten, Wraps, Bagels und Tapas. Zum Nachtisch werden Waffeln und Eis serviert. Wer es eilig hat, kann vom Flat White bis zum kühlen Cappuccino frappé alle Getränke auch im Vorbeifahren erstehen: Für den Coffee-Drive-through wurde eigens ein schwarzer Oldtimer-Citroën umgebaut, in dem die Getränke zubereitet werden.

› *Einkaufsbummel durch Willemstads pastellfarbene Gassen*

033cu-bw

Einkaufen

Im zentralen Stadtteil Punda gibt es **zwei Märkte:** den Marshé Nobo (Neuen Markt) 8 und den Plasa Bieu (Alten Markt) 7. Vor dem Neuen Markt stehen meist noch einige Souvenirstände.

Die **Haupteinkaufsstraße** von Willemstad ist die **Breedestraat**, ebenfalls in Punda. An der gleichnamigen Verlängerung auf der Otrabanda-Seite finden sich ebenfalls viele Geschäfte, die sogar noch preisgünstiger sind.

In den letzten Jahren sind an verschiedenen Stellen in Willemstad **Einkaufszentren** aus dem Boden geschossen. Das größte der Insel hat 2015 seine Pforten geöffnet: Mit etwa 80 Geschäften, Kino, Bowlingbahn, Indoorspielplatz und mehreren Restaurants ist **Sambil Curaçao** für die kleine Insel ein gigantischer Unterhaltungskomplex.

Die meisten Touristen stoßen früher oder später auf die **Renaissance Mall** in Otrabanda, direkt am Rif Fort 13 gelegen. Hinter der freizeitparkähnlichen Kulisse verbergen sich die Ladenlokale einiger internationaler Luxusmarken wie Swarovski, Guess oder Hilfiger. Es gibt aber auch kleine Boutiquen und Souvenirläden. Die Öffnungszeiten der Geschäfte variieren.

Im **Promenade Shopping Center** in Salina im Osten der Stadt findet man viele europäische Geschäfte.

Die voll klimatisierte **Zuikertuin Mall** ist in einem kolonialen Landhaus (s. S. 46) aus dem Jahr 1870 untergebracht und sowohl tagsüber als auch abends ein Anziehungspunkt. Vom Parkplatz aus gelangt man auch auf das Gelände des **Bloempot Shopping Center.** Die Geschäfte sind hier über eine hübsche Ladenzeile von außen zugänglich. Es gibt ein Café, Restaurants und einen Kinderspielplatz.

- **Bloempot Shopping Center** <026> Lelieweg, Tel. +5999 8696533, www.shopbloempot.com, Mo.-Sa. 9-18, So. 10-14 Uhr
- **Promenade Shopping Center** <027> Schottegatweg Oost 82, www.promenade-curacao.net, Mo.-Sa. 9-18 Uhr
- **Renaissance Mall** <028> am Rif Fort, Baden Powellweg 1, Mo.-Sa. 9-19 Uhr
- **Sambil Curaçao** <029> Veeris Parke Comercial, Nst (Nähe Veerisweg), www.sambil.cw, So.-Do. 11-20, Fr., Sa. 11-21 Uhr
- **Zuikertuin Mall** <030> Suikertuintjeweg, www.zuikertuinmall.com, Mo.-Sa. 9-19 Uhr

Nachtleben

Wenn die karibische Sonne untergegangen ist, verwandelt sich Willemstad in ein **Kaleidoskop von Bars, Clubs und Kneipen.** Mottopartys, Happy-Hour-Angebote und Konzerte locken Nachtschwärmer jeder Couleur in die Stadt.

Ein **typischer Abend** auf Curaçao beginnt mit einem tropischen Drink zur Happy Hour gegen 17 Uhr. Die Küchen schließen üblicherweise bereits um 22 Uhr, sodass man sich zum Abendessen zeitig in eines der rund **einhundert Restaurants** aufmacht. Zutritt zu den Bars und Clubs erhält man ab 18 Jahren.

Während Urlauber die Abende eher zentrumsnah verbringen, sind die Curaçaoner überwiegend in den Lokalitäten im südöstlich gelegenen **Stadtteil Salina** anzutreffen. Gefeiert wird nach dem Leitspruch „Biba i laga biba“ – „Leben und leben lassen“. Die Atmosphäre ist dementsprechend offen und freundlich.

Im **hippen Pietermaai** 21 verschwimmen die Grenzen zwischen Restaurant, Bar und Club im Laufe des Abends zunehmend. Neben **Mundo Bizarro** (s. S. 39) und der **Cascada Rooftop Bar** (s. S. 38) zieht auch der **Saint Tropez Ocean Club** (s. S. 31) am Wochenende viele Nachtschwärmer an. Die **Full Moon Party** am Kokomo Beach 50 ist ebenfalls nicht zu vergessen (s. S. 67). Weitere Empfehlungen:

› **La Casa del Habano** <031> 201D Schottegatweg Oost, Tel. +5999 4617574, www.lacasadelhabano-curacao.com, Mo.–Sa. 13–23 Uhr. Erstklassige Zigarrenlounge mit einer riesigen Auswahl an Zigarren, darunter die besten Südamerikas. Das fachkundige und nette Personal hilft auch Anfängern, die richtige Wahl für die allerersten Züge zu treffen.

Wer gerne barfuß im Sand tanzt, ist am **Mambo Beach Boulevard** richtig. In dem Komplex am **Mambo Beach** 31 kann man exzellentes Barhopping betreiben, ohne den Strand je verlassen zu müssen. Die Strandbars öffnen bereits am Vormittag für sonnenhungrige Besucher. Am Abend verwandelt sich der Strand in eine Partylocation. Je nach Saison und Stimmung schließen die **Beachbars** zwischen 22 und 2 Uhr.

› **Bonita Beach Club** <032> Bapor Kibra z/n, Tel. +5999 7351521, www.bonitacuracao.com. Schöne Strandbar mit rustikalem Chic. Das Angebot umfasst alles vom Kaffee bis zum Cocktail – im Bonita Beach Club wird jeder glücklich. Wer Hunger hat, kann Salate, Burger, Nachos oder Sandwiches bestellen. Aber Achtung: Freitagabends gibt es nur Fingerfood. Happy Hour: Fr. 17.30–19, So. 17–18 Uhr.

› **Wet & Wild Beach Club** <033> Bapor Kibra, www.wetandwildcuracao.com, Tel. +5999 4651200. Im Wet & Wild Beach Club kann man vom Relaxen in der Strandliege über das Abendessen direkt zum Tanzen übergehen. Sobald die Sonne untergeht, sorgen DJs und Livebands für Partystimmung. Happy Hour: So. 18–19 Uhr.

Curaçao ist bekannt für seine **Casinos.** Wer die gigantischen Spieltempel aus Las Vegas gewohnt ist, wird hier allerdings etwas stutzen. Denn ganz so kosmopolitisch ist die Glitzerwelt der Antilleninsel nicht. Alle, die lediglich einen Abend lang an den Spieltischen bei einem bunten Cocktail ein wenig **Zockerluft schnuppern** möchten, werden trotzdem auf ihre Kosten kommen.

Da die Casinos den Besuch von Urlaubern gewöhnt sind, herrscht eine offene Atmosphäre. Die Etikette in den karibischen Casinos ist demzufolge zwar etwas lockerer, trotzdem legt man Wert auf eine **gepflegte Erscheinung.** Lange Hosen und geschlossene Schuhe sollten es für die Herren schon sein. Krawatten kann man häufig vor Ort ausleihen. Auch die Damen sollten allzu sommerliche Strandoutfits gegen eine etwas dezentere Garderobe tauschen.

- **Carnaval Casino** <034> im Renaissance Wind Creek Resort, Baden Powellweg 1, Otrabanda, Tel. +5999 4355089, tgl. 10–4 Uhr. Das Carnaval Casino ist Teil des Renaissance Wind Creek Resorts. Direkt am Rif Fort gelegen, ist es das wohl größte und luxuriöseste Casino der Karibikinsel. Hier herrscht noch am ehesten das Flair der großen Spielsalons in Las Vegas. Einige hundert einarmige Banditen stehen in Reih und Glied, es gibt Blackjack- und Roulette-Tische. Der Name des Casinos ist übrigens Programm: Das Interieur spiegelt die Farbenfreude des jährlichen karibischen Karnevals wider; sogar die Bedienung ist entsprechend gekleidet.
- › **Princess Casino** <035> im Sunscape Resort, Dr. Martin Luther King Boulevard 78, Bapor Kipra, Tel. +5999 7367888, So.–Do. 10–3, Fr./Sa. bis 4 Uhr. Das Princess Casino strahlt Urlaubsatmosphäre aus, nicht nur durch seine Lage direkt am Strand. Die Räume sind hell und modern. Die Einsätze beginnen schon bei wenigen Cent, sodass sich auch Anfänger an die über 300 Automaten und den Roulettetisch wagen. Do.–Sa. bietet das Princess Livemusik. Wer sich das Casino erst einmal anschauen möchte, kann an den täglichen Führungen teilnehmen: Während des Rundgangs erhält man einen kleinen Crashkurs in Sachen Glücksspiel.

Parken

Wer selbst mit dem **Mietwagen** (s. S. 117) nach Willemstad fährt, muss mit **Parkgebühren** rechnen. In der Altstadt zahlt man am Parkscheinautomaten. Dafür muss man sich die Parkplatznummer merken, die auf den Asphalt gemalt ist. Die Parkgebühr liegt bei 1 NAF pro Stunde. Die Automaten akzeptieren auch Kreditkarten. Die Parkgebühren fallen Mo.–Sa. 8–18 Uhr an.

Am **Kreisverkehr zur Renaissance Mall** (s. S. 41) gibt es einen großen, kostenlosen Parkplatz. Die folgenden **Parkhäuser** stehen Autofahrern zur Verfügung:

- **Pietermaai Parking and Shopping Mall** <036> Pietermaaiweg, tgl. 6–24 Uhr
- **Riffort Parking Garage** <037> an der Renaissance Mall, Baden Powellweg, tgl. 24 Std. geöffnet

Wirkt ein bisschen wie Cuba, ist aber auf Curaçao – das Mundo Bizarro (s. S. 39)

095cu-ctb@www.curacao.com

Weitere Ziele in der Peripherie von Willemstad

28 Piscadera Bay ★★★ [E7]

Nur wenige Fahrtminuten **westlich von Willemstads Zentrum** schmiegt sich die **kleine Bucht** an die Hauptstadt. Die Piscadera Bay (niederl. Piscaderabaai) profitierte schon früh von den Namen großer Hotelketten, die hier einen Standort haben, darunter zum Beispiel Marriott.

Besonders beliebt ist der **kleine Strand**, der heute auch unter dem Namen **Pirate Bay** bekannt ist, benannt nach der gleichnamigen Beachbar mit Restaurant (s. S. 45). Ein Abendessen hier ist gewiss eines der Highlights eines Curaçao-Urlaubs. Die Küche serviert frischen Fisch direkt am bunt beleuchteten Strand.

Der Strand selbst ist nur etwa einhundert Meter lang, hat aber alles, was das Herz begehrt. **Palmen** spenden Schatten vor der Karibiksonne. Ein vom Unwetter gebeutelter **Holzsteg** führt mitten auf das türkisblaue Meer hinaus. Die beiden anliegenden Strandbars Pirate Bay und Tomatoes (s. S. 46) wechseln sich praktischerweise mit der Happy Hour ab, sodass ein kühler Mango-Daiquiri niemanden das letzte Hemd kostet.

In der Piscadera Bay sind diejenigen gut aufgehoben, denen Banda Abou zu abgelegen und Willemstads übrige Strände zu touristisch sind. Tagsüber besuchen vornehmlich **Urlauber** den Strand. Je nach Jahreszeit finden sie aber noch recht spärlich den Weg hierher. Zur Saison kann es jedoch schon schwierig werden, eine der Sonnenliegen zu ergattern. Am Nachmittag und an den Wochenenden wird der Strand zudem von **einheimischen Familien** frequentiert.

Die beste **Schnorchelgelegenheit** findet man an der östlichen Seite der Bucht. Hier ist auch der Einstieg für die anliegende **Tauchschule**. Vom Strand aus schwimmt man sicher an den Felsen entlang bis zum kleinen Privatstrand des Dreams Curaçao Resorts herüber.

Nur wenige hundert Meter östlich der Pirate Bay liegt noch der **öffentliche Strand Parasasa Beach**. Der Sandstrand ist länger, aber nicht ganz so behaglich wie die kleine Bucht. Besonders am späten Nachmittag kommen viele einheimische Familien her. Es gibt einen kleinen Spielplatz mit Rutsche und einen Imbiss. Die Nutzung ist kostenlos. Auf Liegen oder Sonnenschirme muss man jedoch verzichten.

› **Anfahrt:** über Piscaderaweg, Eintritt: 5 NAF pro Person

Die Piscadera Bay: ein idyllisches „Piratennest"

Unterkünfte

› **Dreams Curaçao Resort** €€€€ <038> John F. Kennedy Boulevard, Tel. +5999 4625000, www.amrcollection.com/en/resorts-hotels/dreams/curacao/curacao-resort-spa-casino. Das Dreams Curaçao Resort ist eine der wenigen klassischen Bettenburgen, die man auf der Insel findet. Die Zimmer sind luxuriös, es gibt sieben verschiedene Restaurants und einen Spa-Bereich. Das Hotel punktet vor allem mit einem bezaubernden, wenn auch sehr kleinen Privatstrand und bestem Ausblick auf das Karibische Meer.

› **Piscadera Bay Resort** €€€ <039> Piscaderaweg, Tel. +5999 4626303, www.piscaderabayresort.de. Das Resort ist eine große Bungalowanlage, in der nicht nur Urlauber wohnen. Viele niederländische Expats haben sich hier zur Ruhe gesetzt. Die Bungalows werden von einer Verwaltung vermietet und sind sehr unterschiedlich ausgestattet. Alle Häuser sind freistehend und von einem Garten umgeben, manche besitzen sogar einen eigenen Pool.

Essen und Trinken

› **De Visserij** €€ <040> Piscadera z/n, Tel. +5999 4628475, www.facebook.com/piscaderanoreservations, Fr.–Mo. 12–21 Uhr. Einer der besten Orte für fangfrischen Fisch auf der ganzen Insel – und das zu annehmbaren Preisen. Der Schlüssel zum Glück: Selbstbedienung. Für diesen geringen Aufwand speist man auf der großen Holzterrasse den vorzüglich

096cu-bw

Manzaliña: der giftige Apfel

An der Piscadera Bay 28, wie auch an vielen anderen Stränden der Insel, spenden Manzaliña-Bäume willkommenen Schatten. Aber: Die Früchte dieser Bäume sehen zwar aus wie kleine Äpfel, sind jedoch ungenießbar und giftig. Die Bäume und ihre Früchte sondern eine **milchige Flüssigkeit** ab, die bei Hautkontakt zu **schmerzhaften Blasen** auf der Haut führen kann. Manzalinã-Bäume bei Regen nicht als Unterstand nutzen! Das herablaufende Regenwasser löst ebenfalls Hautirritationen aus. Unbedingt die Hinweisschilder beachten!

zubereiteten Fang des Tages mit leckeren Beilagen, wie dem allgegenwärtigen *funchi,* direkt am Meer. Tipp: Früh kommen, denn ab 18.30 Uhr steht man regelmäßig Schlange (Reservierungen sind nicht möglich). Außerdem erlebt man dann noch den Sonnenuntergang.

› **Pirate Bay** €€ <041> Piscaderaweg, Tel. +5999 4610183, http://piratebaycuracao.com, tgl. 8–22 Uhr. Tagsüber Strandcafé, abends Restaurant und Bar: In der Pirate Bay ist man zu jeder Tageszeit richtig. Öllampen, Schiffsböden und dicke Taue machen aus der Bar ein echtes Piratennest. Das Frühstück unter dem riesigen Strohdach wird mit akzeptablem Kaffee serviert. Ab Mittag stehen Sandwiches, Salate und Burger auf der Karte. Nach der Happy Hour (Sa.–Do. 17–18, Fr. 16–18 Uhr) tauscht das Personal die Sonnenliegen nonchalant gegen Tische aus. Dann verwandelt sich die Piratenbucht in ein romantisches Strandrestaurant mit Kerzenlicht und Lichterketten. Eine Reservierung ist abends sinnvoll, speziell, wenn man einen Tisch am Strand haben möchte. Am Wochenende wird es sogar an der Bar schwierig, einen freien

Platz zu erhaschen. Die Stimmung ist dafür grandios.

› **Tomatoes** €€ <042> Piscaderaweg, Tel. +5999 4610152, www.tomatoescuracao.com, tgl. 16–22 Uhr. Die Pizzeria hat unmittelbar neben der Pirate Bay ihre Zelte aufgeschlagen. Die dazugehörige Bar direkt am Wasser öffnet pünktlich zur Happy Hour (16–17 Uhr). Das Open-Air-Restaurant serviert leckere und frische Pizzen aus dem Holzofen mit teils exquisiten Zutaten. Eine gute Alternative, wenn einem mal nicht der Sinn nach frischem Fisch steht. Alle Pizzen auch zum Mitnehmen.

(29) Gallery Alma Blou im Landhuis Habaai ★★ [F7]

Das gut erhaltene **Landhaus** (s. unten) liegt nicht weit von der Schottegat im gleichnamigen Stadtteil Habaai. Errichtet wurde es im 18. Jh., ursprünglich als **Plantagenhaus.** Die beiden Galerien am Vorder- und Hintereingang sind typisch hierfür, ebenso die zweistöckige Bauweise mit dem Dachboden. Über die Jahrhunderte diente es zwischenzeitlich zum Beispiel als Landsitz und Internat, bis es schließlich als **Kunstgalerie** eine neue Nutzung fand. Sie trägt den reizenden Namen **Alma Blou,** was so viel bedeutet wie **„blaue Seele“.** Die Galeristen Lusette und Herman Verboom präsentieren abwechslungsreiche Kunst von Malerei bis Skulptur. Die meisten der fast 40 ausgestellten Künstler stammen von der Insel. Bilder von Curaçao wie Panoramen der historischen Stadtviertel, Karten und alte Drucke sind in einem separaten Bereich gesammelt. Daneben sind Werke aus anderen Teilen der Karibik zu bestaunen.

Angeschlossen ist auch ein kleiner Laden mit **ausgefallenen Souvenirs.** Ein Spaziergang durch den **Garten** ist ebenfalls lohnenswert.

› Frater Radulphusweg 4, www.galleryalmablou.com, Tel. +5999 4628896, Di.–Fr. 10–17, Sa. 10–14 Uhr, Eintritt frei

Curaçaos Landhäuser – vom Plantagenhaus zum Partypalast

Auf Curaçao stehen über die gesamte Insel verteilt etwa 55 Landhäuser. Die „Landhuizen“, wie man sie hier auf Niederländisch nennt, sind Zeugnisse der Kolonialzeit. Die meisten von ihnen wurden einst als Plantagenhäuser erbaut. Zwischen dem 18. und 19. Jahrhundert waren schließlich rund einhundert Plantagen auf der kleinen Insel im Betrieb. Das war nur möglich, weil Sklaven, die aus Afrika nach Curaçao verschleppt worden waren, als kostenlose Arbeitskräfte ausgebeutet wurden. Damit sind die Landhäuser zwar einerseits prächtige Monumente, aber andererseits auch Mahnmale einer traurigen Epoche. Ein Landhaus bildete stets das Zentrum jeder Plantage. Hier lebte der Master mit seinen Haussklaven. Für die übrigen Sklaven errichtete man einfache Hütten um das Plantagenhaus herum.

Nicht alle Landhäuser sind heute für die Öffentlichkeit zugänglich. Einige sind nach wie vor in Privatbesitz. Viele wurden jedoch aufwendig restauriert und umgestaltet. Heute befinden sich darin Restaurants, Eventlocations, Museen oder Galerien. Etliche Landhäuser sind bereits aufgrund ihrer Architektur einen Besuch wert, beispielsweise das Landhuis Ascencion (61), das Landhuis Habaai (29) und das Landhuis Kenepa (67).

30 Beth Haïm Blenheim (Jüdischer Friedhof) ★★ [F6]

In direkter Nachbarschaft zur Ölraffinerie liegt der Jüdische Friedhof, einer der ältesten der Karibik, der einige Kulturschätze beherbergt.

Bereits im Jahr 1659, kurz nach ihrer Ankunft, gründeten die ersten jüdischen Siedler auf Curaçao diese Grabstätte. **„Beth Haïm“** bedeutet auf Hebräisch so viel wie **„Haus des Lebens“** und verweist auf den festen Glauben an die Unsterblichkeit der Seele. Ein Friedhof ist im Judentum kein Ort des Todes, sondern des ewigen Lebens. Dort wartet der Verstorbene auf das Jüngste Gericht, um zu neuem Leben aufzuerstehen.

Die ersten Gräber auf dem Beth Haïm Blenheim wurden etwas willkürlich angeordnet, sodass später eine sogenannte *Hashkamah* – ein jüdischer Beschluss – gefasst wurde, die Gräber in Reihen anzulegen. Sie befinden sich **oberirdisch,** da der Boden Curaçaos aus sehr hartem, vulkanischem Kalkstein besteht, sodass man die Erde nicht ausheben kann. Die Grabstätten richten sich gen Osten – Richtung Jerusalem. Viele Gräber stammen aus dem 17. und 18. Jh. Weil laut jüdischem Glauben im Tod alle Menschen gleich sind, finden sich weitestgehend gleichförmige Grabsteine. 1726 ließ der Friedhofsverwalter eine Steinmauer errichten.

Über die Jahrhunderte wurde immer wieder eine **Erweiterung** notwendig. Zweimal war ein Disput innerhalb der jüdischen Gemeinde der Grund. Dann baute die abtrünnige Gruppe jeweils ihren eigenen Friedhof direkt neben Beth Haïm Blenheim. Der Streit konnte jedoch beide Male beigelegt werden, sodass die Friedhöfe wieder zu einem zusammengelegt wurden. Im Jahr 1822 erreichte der Jüdische Friedhof seine aktuelle Größe von etwa 9000 m². Schätzungen zufolge sollen hier mehr als 5000 Tote beerdigt worden sein, von denen jedoch nur die Hälfte identifiziert ist.

Der Friedhof ist **für die Öffentlichkeit zugänglich.** Über die Website kann auch eine **Virtual Tour** gestartet werden. Dabei erfährt man interessante Hintergründe über einzelne Gräber, lernt viel über jüdische Bräuche und liest spannende Geschichten über die traditionsreiche jüdische Gemeinde der Insel. Die Tour startet am Osteingang des Friedhofs.

› **Anfahrt:** über Schottegatweg West, www.bethhaimcuracao.com, Tel. +5999 4611067, So.–Do. 7–18, Fr. 7–16 Uhr, Sa. (Sabbat) geschlossen. Führungen lassen sich unter Tel. +5999 7376843 buchen.

31 Mambo Beach ★★ [G7]

An dem **langgezogenen Badestrand** gegenüber dem Sea Aquarium 32 herrscht stets entspannt-lebendiges Treiben. Tagsüber ist der Strand vornehmlich bei **Familien** mit Kindern beliebt, denn die Bucht ist aufgrund eines vorgelagerten Felswalls geschützt und das flache Wasser dadurch besonders ruhig.

Diverse **Beachbars** sorgen für Hintergrundmusik, Getränke und Snacks. Darüber hinaus gibt es **Wassersportmöglichkeiten** und eine **Promenade mit Geschäften.** Die Liegen teilen sich mehrere Strandclubs (s. S. 42) und einige große Hotels. **Liegen und Schirme** sind daher kostenpflichtig.

Wochentags und an den Wochenenden wird der Mambo Beach ab 18 Uhr zum **Partystrand.** Die Bars drehen die Musik auf und ein feierlustiges Völkchen tanzt bei einem Drink in den Sonnenuntergang. Ab und an gibt es hier auch Livekonzerte und Open-Air-Kino.

› **Anfahrt:** über Bapor Kibra, www.mambobeach.com, Eintritt: Erw. 6 NAF, erm. 3 NAF, WLAN

32 Curaçao Sea Aquarium ★★ [G7]

Das **Meeresaquarium** bietet eine Vielzahl an Attraktionen in einem Komplex. Kleine und große Fans der Unterwasserwelt kommen bei einem Rundgang durch die Aquarien auf ihre Kosten. Die Becken werden durch eine einzigartige Anlage stets mit frischem Meerwasser versorgt. Deckenfenster sorgen für Tageslicht. In den fast 50 Becken leben rund 400 Arten: vom Seepferdchen bis zum Clownfisch. In sogenannten **Touch Tanks** können Meerestiere wie Seegurken, Seesterne und das Tritonshorn (eine Muschelart) sogar berührt werden. Besonders beliebt sind die **Seelöwen- und Delfin-Shows.** Auch an **Fütterungen** von Flamingos, Rochen und Ammenhaien können Besucher teilnehmen.

Weltberühmt, aber nicht unumstritten, ist die **Dolphin Academy**, die sich ebenfalls auf dem Gelände befindet. Hier können zahlungskräftige Besucher gemeinsam mit Delfinen schwimmen oder tauchen.

Rund um den Mambo Beach 31 sieht man häufig Erwachsene und Kinder mit Behinderung. Sie kommen aus aller Welt, um an einer Delfintherapie teilzunehmen. Die Therapiedocks des **Curaçao Dolphin Therapy & Research Center** sind ebenfalls auf dem Gelände des Sea Aquarium angesiedelt.

Eine ganz besondere Attraktion ist die **Substation Curaçao**, liebevoll auch „**Curasub**" genannt. Dieses **Mini-U-Boot** kann bis zu fünf Personen auf eine Tiefe von mehr als 300 m unter dem Meeresspiegel bringen. Ein einmaliges, aber kostspieliges Abenteuer und nichts für Klaustrophobiker!

› **Anfahrt:** über Bapor Kibra, am östlichen Ende des Mambo Beach 31 gelegen

› **Curaçao Dolphin Therapy & Research Center (CDTC),** www.cdtc.info, Tel. +5999 4619886

› **Curaçao Sea Aquarium,** www.curacao-sea-aquarium.com, Tel. +5999 4616666, Di.–Sa. 8–17 Uhr, Eintritt: Erw. 15 US$, Kinder (5–12 J.) 7 US$

036cu-ctb©www.curacao.com

[>] Abenteuer Curasub: im Mini-U-Boot die Meereswelt erkunden

[<] Mambo Beach 31 punktet mit Karibikflair, Shopping und Party gleichermaßen

› **Dolphin Academy,** www.dolphin-academy.com, Tel. +5999 4658900, Di.–Sa. 8–17 Uhr, Delfinschwimmen 15–20 Min. ab 114 US$, Kinder unter 5 J. 65 US$, Online-Buchung möglich
› **Substation Curaçao,** www.substation-curacao.com, Tel. +5999 4652051. Ein Tauchgang kostet 350–500 US$ pro Person, Online-Buchung möglich.

035cu-ctb©www.curacao.com

33 Landhuis Bloemhof ★★★ [G7]

Farben, Formen, Düfte und Geräusche: Das umgestaltete Landhaus Bloemhof zählt zwar zu den kleineren Landhäusern der Insel, ist dafür aber umso ambitionierter. Das 18 Hektar große **Kulturzentrum** strotzt nur so vor lauter Kunst, Geschichte und Natur. Besucher haben Zugang zu einem **Garten,** in dem sich nicht nur Kakteen in den Himmel recken, sondern Bücher von den Bäumen hängen. Ebenso inspirierend ist das **Skulpturenstudio** von Shon May Henriquez, einer Pionierin der Kunstszene Curaçaos, sowie das **Open-Air-Studio** von Hortence Brown. Das Highlight ist sicherlich die **Dornenkathedrale,** ein monumentales Kunstwerk von Herman van Bergen. Es handelt sich um ein haushohes Labyrinth, das aus etwa 30 Millionen Dornen des Busches Acacia Tortuosa besteht. In Nischen stehen Objekte zeitgenössischer Kunst von Gastkünstlern. Besonders sehenswert ist die Dornenkathedrale, wenn sie abends illuminiert wird (jeden 1. Freitag im Monat).

Alle sechs Wochen gibt es in der Galerie des Landhauses Bloemhof eine neue **Ausstellung eines heimischen Künstlers.** Zudem werden Workshops, Vorträge und Veranstaltungen wie Theateraufführungen und Poetry-Slams veranstaltet. Aktuelle Informationen gibt es auf der Website.

Früher belieferte die Plantage des Landhauses weite Teile Willemstads mit **Trinkwasser.** Zwei Dämme, mehrere Brunnen und Zisternen sorgten dafür, dass das kostbare Regenwasser aufgefangen werden konnte. Auf einem *garoshi di awa,* einem Eselskarren, brachte man das Wasser in das Stadtzentrum. Ein gut erhaltener Wasserhahn in der Wand erinnert immer noch an diese vergangenen Tage. Sehenswert ist auch das **alte Badehaus.**

Für eine Verschnaufpause bietet sich das **Number Ten** an. Das hippe Café befindet sich in den ehemaligen Privaträumen der Künstlerin Shon May Henriquez und bietet von Barista-Kaffee über Gin Tonic bis hin zur Açai-Bowl alles, was der leere Magen begehrt.

› Santa Rosaweg 6, https://bloemhof.cw, Tel. +5999 7375775, Di.–Sa. 9–14 Uhr, um 9.30, 10.30 und 11.30 gibt es jeweils eine kleine Einführung, Eintritt: 10 US$, Kinder 6 US$. Private Führungen können zu verschiedenen Themen gebucht werden (aktuelle Informationen auf der Website), ab 20 US$, Kinder 9 US$.
› **Number Ten Curaçao** <043> Santa Rosaweg 6, Tel. +599 95228069, https://numbertencuracao.com, Mo.–Fr. 7.30–15 Uhr (Küche schließt um 14.30 Uhr)

34 Landhuis Chobolobo ★★ [G7]

Der Herrensitz Chobolobo steht im Osten Willemstads direkt an einer der größten Verkehrsadern der Inselhauptstadt. Auf dem 10 ha großen Gelände wurde schon im frühen 18. Jahrhundert die heute **strahlend gelbe Stadtvilla** errichtet.

1946 zog die traditionelle **Likörfabrik Senior & Co.** ein. Seitdem wird hier der Likör **Blue Curaçao** (s. S. 107) hergestellt, der auf der ganzen Welt bekannt und beliebt ist. Auf dem kleinen Gelände produziert das überschaubare Team etwa 40.000 bis 60.000 l Likör pro Jahr – und zwar nach dem Originalrezept aus dem Jahr 1896 und in dem immer gleichen, über 100 Jahre alten Kupferkessel. Berühmt wurde das Getränk, weil man damit erstmalig Cocktails blau färben konnte. Heute gibt es den Likör auch in Grün, Rot, Braun, Gelb und Orange.

Im **Besucherzentrum** kann man sich über die Herstellung des Likörs informieren und alle Sorten durchprobieren. Außerdem gibt es spezielle Führungen und Cocktail-Workshops. In den zweistündigen Workshops lernt man die verschiedenen Sorten des Blue Curaçao kennen und darf sich an zwei Rezepten selbst versuchen. Alle Touren und Workshops können über die Website gebucht werden.

Likörfans können sich im **angeschlossenen Laden** eindecken. Seit Neustem gibt es jedoch auch einen Onlineshop für Bestellungen aus Europa.

› Elias R. A. Moreno Boulevard/Ecke Schottegatweg, www.curacaoliqueur.com, Tel. +5999 4613526, Mo.–Fr. 8–17 Uhr, Eintritt frei, Führungen und Workshops ab 15 US$, Online-Buchung möglich

Banda Ariba – der Osten

Banda Ariba umfasst den gezähmten Osten Curaçaos. Auch Willemstad gehört offiziell dazu. Auf dieser Seite der Insel spielt sich der ganz normale Alltag ab. Wer von der Inselhauptstadt kommend weiter gen Osten fährt, erlebt zunächst belebte **Wohn- und Geschäftsgegenden**. Man kommt an klimatisierten Einkaufszentren vorbei, einfachen Baumärkten und modernen Bankhäusern. Die Gegend ist dicht besiedelt und die Infrastruktur entsprechend gut ausgebaut.

Je weiter man nach Osten gelangt, desto mehr nimmt die Besiedlung ab. Bis zur östlichsten Siedlung **Niewpoort** gelangen nur noch wenige Urlauber. Hier stößt man nur noch ab und an auf ein Dorf. Zum **Oostpunt**, dem kargen Ostende der Insel, gibt es noch nicht einmal eine Straße.

An der Nordküste Curaçaos erkennt man das sonst so einladende Karibische Meer kaum wieder. Abgesehen von **Playa Canoa** 44 gibt es keine richtige Badebucht. Das Meer ist rau, das Ufer von Felsen gesäumt. Über die **karge Gegend** peitscht häufig der Nordost-Passat.

Allerdings verbergen sich in der zerklüfteten Landschaft einige sehenswerte Highlights, darunter ein halbes Dutzend **Landhäuser** (s. S. 46), die man allerdings oft nur von außen betrachten kann. Interessanter sind das lebendige Touristenzentrum **Jan Thiel Bay** 36 und das Villenviertel rund um **Spanish Water** 37. Neben internationalen Stars haben sich hier auch große Hotels angesiedelt.

Erschwingliche Apartmentanlagen und bewährte **Ausflugsziele** wie die **Curaçao Ostrich Farm** 42 oder die **Aloe Vera Farm** 43 machen Banda Ariba gerade für Familien interessant. Der gut organisierte **Badestrand** in der Jan Thiel Bay ist auch für Kinder geeignet und mit allem Komfort ausgestattet, den man sich für einen relaxten Strandtag wünscht: Es gibt Strandcafés, ein breites Unterhaltungsangebot, Duschen und Toiletten. Und das alles in Reichweite zur quirligen Inselhauptstadt!

Trotzdem kann man auch in Banda Ariba Streifzüge abseits ausgetretener Touristenpfade machen. An der **Sint Jorisbaai** 41 im Nordosten trifft sich eine kleine, aber eingeschworene **Kitesurfer-Szene.** Etwas weiter östlich liegt der raue **Playa Canoa,** der einzige Strand der Karibikinsel, an dem man **Wellenreiten** kann. Es gibt versteckte Wanderpfade, etwa rund um die Jan-Thiel-Salinen 35, und tolle Mountainbike-Touren.

35 Jan-Thiel-Salinen ★★ [G7]

Obwohl der Tourismus die Gegend fest im Griff hat, verbirgt sich hier eine der kleinen Kostbarkeiten Curaçaos. Die Salinen westlich der Resorts sind ein noch weitestgehend **unberührtes Areal,** in dem eine sehr **vielfältige Vogelpopulation** zu Hause ist. Hier zwitschern putzmuntere Sittiche fröhlich durcheinander und eine leichte Brise bringt das Gras auf den Hügeln zum Schwingen.

Früher hat man Meerwasser in die großen, flachen Becken einfließen lassen, um es in der Sonne verdunsten zu lassen. Zurück blieb das Salz. Noch heute sind die Salinen mit erhärtetem Salz bedeckt, das in der Sonne rosa schimmert. Farblich passend dazu stolzieren heute ab und an **Flamingos** durch die Becken. Auch **Pelikane** putzen ungestört ihr Gefieder, während Anwohner eine kleine Joggingrunde drehen. Ein idyllisches Ausflugsziel, vor allem während des Sonnenuntergangs.

Die Salinen lassen sich über ein **Netz an Wanderrouten und Radwegen** erkunden. Für die Mountainbike-Weltmeisterschaft 2006 wurde extra eine Strecke eingerichtet, die von der Lagune zum Hotel Lions Dive & Beach am Mambo Beach 31 führt. **WannaBike** (s. S. 102) bietet **geführte Touren** für Anfänger und Fortgeschrittene an.

Während der **Regenzeit** sind die Salinen teilweise nicht zugänglich,

MEIN TIPP

Den Dunki National Park

Der Den Dunki National Park findet sich **nördlich der Jan-Thiel-Salinen** 35, landeinwärts von der Jan Thiel Bay 36. Während der niederländischen Kolonialzeit brachte man die neu angekommenen Sklaven hier unter, bevor sie in den Sklavendienst verkauft wurden. Nach dem Ende der Sklaverei entstand auf dem Areal das **Landhuis Zuurzak.** Neben dem Herrenhaus gab es damals noch einen prächtigen Park mit Wasserspielen und Schwänen. Auch die **Brücke,** deren Überreste man bei einem Spaziergang entdecken kann, stammt aus dieser Zeit.

Ein Besuch im Den Dunki National Park empfiehlt sich besonders am Nachmittag, wenn die Sonne schon etwas tiefer steht und die hügelige Landschaft in goldenes Licht taucht.

› **Anfahrt:** über Caracasbaaiweg. Aus Willemstad kommend, achtet man auf die Schilder nahe der Apotheke Botica Sorsaka und biegt dann rechts ab. Der Park liegt nach einigen hundert Metern auf der linken Seite. Es gibt keine festen Öffnungszeiten; es ist ratsam, sich telefonisch anzumelden: Tel. +5999 8648461, 7373965 u. 4624516. Eintritt frei.

weil das Gelände sehr matschig wird. Es empfiehlt sich, vorher im Hotel nachzufragen, ob es in den letzten Wochen viel geregnet hat. Tipp: Am besten bringt man einen Beutel oder Behälter mit; das **karibische Salz** macht sich nämlich gut als Fußbad.

› **Anfahrt:** über Kaya Adriátiko. An dem Knick, an dem die Kaya Damasco auf die Kaya Adriátiko trifft, gibt es Parkmöglichkeiten. Dort beginnt ein markierter Fußweg, der nach etwa 1,5 km zur Saline führt (an der ersten Kreuzung rechts halten). Eintritt frei.

Mein Tipp

Flyboarding

Flyboarding ist ein **beliebter Trend für Adrenalinjunkies und Wasserratten.** Man steht auf Düsen, die durch einen angeschlossenen Jet-Ski betrieben werden. Über einen Schlauch erzeugt der Jet-Ski einen **Wasserstrahl unter den Füßen.** Damit ist es möglich, bis zu neun Meter über dem Wasser zu „fliegen“. Aber auch unter Wasser schießt man mit dem Flyboard wie eine Rakete durch die Fluten. Vorkenntnisse sind nicht nötig. Anfänger erhalten zunächst eine 10-minütige Einführung. Das Flyboard lässt sich nach einiger Zeit recht sicher manövrieren. Ein großer, wenn auch nicht ganz billiger Spaß für alle, die sich schon immer mal wie Superman fühlen wollten.

› **Zapata Flyboard** <044> Jan Thiel Bay 36, neben der Zanzibar, tgl. 10–17 Uhr, Tel. +5999 5123359, Facebook: Zapata Flyboard Caribbean, Kosten: 99 US$/40 Min. inkl. 10 Min. Einführung. Nur Barzahlung!

⊡ *Cocktails unter Palmen: die Jan Thiel Bay bietet viel Komfort, aber auch jede Menge Action*

36 Jan Thiel Bay ★★ [G8]

Das Stadtviertel Jan Thiel ist Curaçaos **Tourismus-Boomtown.** Einige weitläufige Hotelanlagen und Ferienkomplexe haben sich oberhalb der eigentlich überschaubaren Bucht im Osten Willemstads breit gemacht. Bei gut betuchten Einwanderern, vornehmlich aus den Niederlanden, ist zudem das benachbarte **Jan Sofat** als Wohnsitz begehrt.

Man erwarte aber besser nicht zu viel: Die Jan Thiel Bay besitzt zwar einen sauberen **Sandstrand** mit allen Annehmlichkeiten, echtes Karibik-Feeling kommt hier jedoch nicht auf, schon wegen des Beton-Kais. Der Strand in dieser Bucht ist **künstlich erschaffen** und der Sand musste extra angekarrt werden. Sobald das Meer etwas unruhig ist, wirbelt der sehr feine Sand stark auf, sodass die Sicht zum Tauchen oder Schnorcheln eher bescheiden ist. An klaren Tagen ist die Jan Thiel Bay allerdings ein schöner **Tauchspot:** In Boka di Sorsaka und Sandy's Plateau zeigt sich Curaçaos Unterwasserwelt von seiner farbenprächtigen Schokoladenseite.

Die Bucht ist meist **gut besucht.** Die Liegen stehen allerdings sehr dicht; viel Privatsphäre hat man hier nicht. Außerdem sind die Schattenplätze begrenzt. Einige **Beachclubs** (z. B. die Zanzibar, s. S. 54) locken mit chilliger Musik, verlässlichen Cocktails und den typisch weißen Luxus-Lounges. Am Strand planschen Kinder in einem eigenen, becken-ähnlichen Bereich.

Die Hauptattraktion am Strand der Jan Thiel Bay ist das sogenannte **Flyboarding** (s. links), mit dem man gewissermaßen über dem Wasser „schweben“ kann. Abgesehen von diesem teuren Spaß vergnügen sich die Sonnenhungrigen mit Strandakti-

037cu-bw

vitäten wie **Jet-Ski, Beachtennis und Volleyball.** Abends verwandelt sich der Strand in einen Outdoorclub. Ein Tag in der Jan Thiel Bay ist sicherlich unterhaltsam, allein zum „Sehen und Gesehen werden". Aber Vorsicht: Die Ausgaben für Eintritt, Liegen, Mindestverzehr und diverse Aktivitäten läppern sich schneller, als es der Reisekasse gut tut.

› www.janthielbeach.com, **Anfahrt:** über Kaya Adriátiko. Es gibt einen großen, kostenpflichtigen Parkplatz; einige Meter davor parkt man entlang der Kaya Adriátiko kostenlos. Die meisten Hotels bieten ebenfalls Parkmöglichkeiten für ihre Gäste an.

Unterkünfte

› **Adonai Hotel Boutique** €€ <045> Kaya Indiko F 2, Tel. +5999 5228997. Die Einrichtung der geräumigen und sauberen Zimmer weist einen sympathischen südamerikanischen Touch auf. Alle Zimmer verfügen über einen Fernseher. Das Frühstücksbuffet enthält karibische und internationale Speisen mit einer Prise Venezuela. Das Restaurant serviert Mittag- und Abendessen. Es gibt eine Gemeinschaftsküche, in der man sich Speisen selbst zubereiten kann.

› **Chogogo Resort** €€€ <046> über Kaya Adriático, Tel. +5999 7472844, https://chogogocuracao.com. Die 169 Apartments und Studios des beliebten Chogogo Resorts erstrecken sich über die Hügel oberhalb der Jan Thiel Bay. Die Einrichtung ist auf europäische Gäste ausgerichtet. Jede Einheit verfügt über eine kleine Küche, einen Wohn-/Essbereich und einen eigenen Patio. Auch größere Bungalows mit zwei oder drei Schlafzimmern sind im Angebot. Der große Pool mit dem kleinen Wasserfall ist ideal für Familien mit Kindern.

› **Hibiscus Beach House** €€€ <047> Kaya Adriático N 8, Tel. +5999 6825948, www.hibiscusbeachhouse.com. Das liebevoll geführte Bed & Breakfast liegt nur einen kurzen Spaziergang von der Jan Thiel Bay entfernt. Es gibt Doppel- und 3-Bett-Zimmer in unterschiedlichen Größen und Preisklassen. Jeder der schmucken Räumlichkeiten ist mit Moskitonetz, Klimaanlage oder Ventilator ausgestattet. Auch der Safe ist kostenlos. Besonders nett ist der tropische Garten mit Pool und Hängematten.

Essen und Trinken

› **Dulce Ice Cream Shop** € <048> direkt an der Jan Thiel Bay, tgl. 13–22 Uhr, Tel. +5999 7470633, www.janthielbeach.com (Menüpunkt „Restaurants"). Eisdielen gibt es nicht allzu viele auf Curaçao, meist muss man sich mit einem Eis am Stiel zufriedengeben. Im Dulce Ice Cream Shop gibt es immerhin Softeis mit verschiedenen Toppings und Soßen. Kinder werden sich über den Shuffle mit Smarties freuen. Milchshakes, Crêpes und Brüsseler Waffeln ergänzen das süße Angebot. Zum Schlecken kann man sich auf die kleine Terrasse setzen und den Blick über den Strand genießen.

› **Zest Mediterranean** €€€ <049> direkt an der Jan Thiel Bay, www.janthielbeach.com (Menüpunkt „Restaurants"), Tel. +5999 7470633, tgl. 8.30–24 (Küche schließt um 22 Uhr), BBQ 12–22 Uhr. Hier ist der Name Programm: Auf der Speisekarte stehen vorwiegend mediterrane Speisen, die in dem etwas gediegeneren Ambiente kreativ angerichtet werden. Wer es etwas entspannter mag, bedient sich zwischen 13 und 21 Uhr beim Barbecue am Strand. Dort gibt es Würstchen und anderes Grillgut frisch vom Rost. Alle, die sich etwas gönnen möchten, sollten sich donnerstags einen Tisch reservieren. Ab 18 Uhr werden *Lobster* (Hummer) und andere fangfrische Meeresfrüchte kredenzt.

Nachtleben

› **Zanzibar** <050> direkt an der Jan Thiel Bay, www.janthielbeach.com (Menüpunkt „Restaurants"), Tel. +5999 7470633, tgl. 8–24 Uhr (Küche 8.30–22 Uhr). Die Zanzibar genießt Kultstatus. Zebrastreifen und Strohdach sorgen für echtes Strandbar-Feeling mit ein wenig afrikanischem Flair. Die Speisekarte bietet solide Bistroküche; die Pizzen zählen zu den besten der Insel. Sobald die Sonne untergeht, steigt in der Zanzibar die Feierlaune. An vielen Abenden gibt es Livemusik, am Wochenende legen hier DJs auf. Samstags bildet die Happy Hour (ab 17 Uhr) den ultimativen Startpunkt für eine ausgelassene Partynacht.

37 Spanish Water ★★★ [H8]

Spanish Water (niederl. **Spaanse Water**) ist sozusagen der Starnberger See der Karibikinsel. Nur, dass es sich hierbei um eine **Bucht**, nicht um ein geschlossenes Gewässer handelt. Dieser Teil Curaçaos ist heute unverkennbar das Zentrum der **Reichen und Schönen.**

Spanish Water ist ein riesiger **natürlicher Hafen,** der sich direkt östlich an die Jan Thiel Bay 36 anschließt. Das Gewässer wurde bereits von den allerersten Insel-

038cu-bw

bewohnern, den **Arawak**, genutzt. Auch während der spanischen und niederländischen Besatzung war Spanish Water ein wichtiger strategischer Punkt, weshalb man hier **Fort Beekenburg** 39 errichtete.

Die Häuser rund um die Bucht besitzen einen direkten Zugang zum Wasser und bieten eine unvergleichliche Aussicht, was die **Immobilienpreise** nicht gerade entspannt. Mitten im Spanish Water liegt eine kleine Insel, die eine Zeit lang Popsängerin Jennifer Lopez und ihrem damaligen Gatten Marc Anthony gehört haben soll. Auch internationale Sportstars und die niederländische Königsfamilie unterhalten hier Feriendomizile, glaubt man der insularen Gerüchteküche. Ein **Bootsausflug** (s. rechts) ist eine exzellente Möglichkeit, die strahlend weißen Jachten und luxuriösen Villen vom Wasser aus zu bestaunen.

Taucher interessieren sich hingegen eher für die großen Barrakudaschwärme, die sich an dem beliebten Tauchspot **Barracuda Point** (s. S. 96) in der Nähe des **Santa Barbara Beach** tummeln. Der lang gezogene Strand an der östlichen Seite der Passage zwischen Spanish Water und dem offenen Meer gehört zum Gelände eines Fünfsternehotels.

Nichtsdestotrotz ist Spanish Water auch bei den „ganz normalen" Insulanern sehr beliebt. Familien verbringen die Abende und Wochenenden gern am Strand der **Caracasbaai** 38.

Unterkünfte

› **Frangipani Apartments** €€ <051> Jan Sofat North 29, Tel. +5999 7387929, www.curacao-frangipani-apartments.de.

In Spanish Water reicht das Wasser fast bis vor die Haustür

MEIN TIPP

Wassersport und Bootsausflüge in Spanish Water

Das Spanish Water 37 ist nicht nur zum Anschauen da! Dank **No Name Watersports** kann man mit dem Wakeboard oder einer Bumpertube, einem Luftreifen, durch die Lagune sausen. Wasserski, Wakeskating und Kneeboarding werden ebenfalls angeboten.

Wer es gemütlicher mag, leiht sich ein **Tiki Boat:** In den kreisrunden Motorschlauchbooten mit Palmendach schippern vier Erwachsene und zwei Kinder oder acht Erwachsene und zwei Kinder über das Wasser. Getränke und Snacks können mitgebracht oder gebucht werden. Auf Wunsch bestückt der Vermieter die Tiki Boats mit einem Grill.

Lohnenswert ist auch die **Caribbean Sunset Tour** von Breeze Adventure Boat Trips. Diese Rundfahrt beginnt am Nachmittag, wo man zunächst durch Spanish Water kreuzt. Dabei hat man ausreichend Gelegenheit, über die Traumhäuser entlang des Ufers zu staunen. Zum Sonnenuntergang fährt man aufs Meer hinaus, um dort den orangeroten Horizont zu genießen. Abschließend cruist das Boot durch die Fuik Bay. Snacks und (alkoholische) Drinks sind im Preis inklusive, wovon so mancher Gast etwas zu viel Gebrauch macht.

› **Breeze Adventure Boat Trips** <052> Marina Vissershaven Caracasbaai, Tel. +5999 6667474, www.breezecuracao.com, Kosten: 79 US$ p. P. (inkl. Snacks und Getränke)

› **No Name Watersports** <053> Brakkeput Mei Mei, www.nonamewatersports.com, Tel. +5999 6897737, Wakeboarding ab 86 US$/30 Min.

› **TikiBoatsRental** <054> 405-2 Caracasbaaiweg, Jan Thiel, Tel. +5999 6826644, https://tikiboatsrental.com, ab 99 US$, BBQ-Paket ab 12,50 US$ p. P.

Die Ferienanlage ist unter deutscher Leitung. Hier kommt karibisches Urlaubsfeeling auf. Alle der sieben unterschiedlich großen Apartments sind mit viel Liebe und Geschmack eingerichtet und besitzen eine voll ausgestattete Küche. Die Gäste erwartet außerdem ein kleiner Pool zwischen tropischem Grün, an dem es sich gut relaxen lässt.

› **Limestone Holiday** €€ <055> Brakkeput Ariba Kavel 5, Tel. +5999 7673007, www.limestoneholiday.com. Familiär und ruhig: Die Apartmentanlage hat über einen kleinen Hausstrand direkten Zugang zum Spanish Water. Die Gäste der insgesamt elf schmucken Ferienwohnungen genießen nicht nur den Blick auf die Jachten, sondern auch auf den Tafelberg. Es gibt einen kleinen Privatstrand, einen Pool, eine Terrasse mit Hängematten und einen tropischen Garten. Alle Apartments verfügen über eine gut ausgestattete Küche und eine Klimaanlage. Man kann sogar einige Filme ausleihen. Für sportliche Gäste hat das Limestone Holiday außerdem ein paar Kajaks auf Lager.

Essen und Trinken

› **Landhuis Brakkeput Mei Mei** €€€ <056> Kaya Brodernan di Brakepoti, Tel. +5999 7671500, www.brakkeputmeimei.com, tgl. 18–23 Uhr. Beim Abendessen in diesem Landhuis fühlt man sich ein wenig wie in dem Filmklassiker „Vom Winde verweht“. In dem historischen, umfassend renovierten Plantagenhaus ist überall Kolonialflair spürbar. Man speist feudal unter dem karibischen Sternenhimmel und genießt teils schöne Ausblicke auf das nächtliche Lichtermeer Willemstads. Die Karte bietet vorwiegend Gegrilltes und Steaks, aber auch Meeresfrüchte. Mittwochs ist Paellanacht, donnerstags Hummer- und freitags Steakabend. Das Salatbuffet ist stets gut gefüllt. Auf dem Gelände des Landhauses gibt es einen sehr schönen, großen Kinderspielplatz für Kinder bis 10 Jahre, einen Minigolf-und einen Boule-Platz (geöffnet: Mi.–So. 16–22 Uhr, Spielplatz: kostenloser Aufenthalt für Kinder, während die Eltern im Restaurant speisen, ansonsten 5 NAF pro Person, Minigolf: 12,50 NAF, Kinder bis 5 Jahre 6,25 NAF, Boule: 12,50 NAF pro Stunde). Montags gibt es kostenlosen Salsa-Unterricht (auch für blutige Anfänger). Auf den Verdauungsspaziergang kann man dann getrost verzichten.

› **The Pier** €€€ <057> Caracasbaaiweg z/n, Tel. +5999 7477778, www.thepiercuracao.com, Mo.–Do. 17–24, Fr.–So. 10.30–24 Uhr. Der Name sagt schon alles: Rund um das Restaurant führen Holzstege ins Wasser und Boote können jederzeit anlegen. Essen und Service sind – im wahrsten Sinne des Wortes – ausgezeichnet. Auf der wechselnden Karte findet man meist frischen Fisch aus der Region, aber auch kreative vegetarische Gerichte und Fleischspeisen. Eine ideale Location für einen Sundowner oder ein romantisches Abendessen.

38 Caracasbaai ★★ [H8]

Der **öffentliche Strand** zwischen Spanish Water 37 und der Jan Thiel Bay 36 ist kostenlos nutzbar. Auch wenn die Caracasbaai für einen Strandtag bei den Curaçaonern hoch im Kurs steht, darf man hier keinen karibischen Traum erwarten. Der Sand ist eher grob und mit Kieseln durchzogen. Zwar gibt es das nette **Strandrestaurant Brisa do Mar – Pop's Place**, die langgezogene Bucht besticht jedoch eher als **Tauch- und Schnorchelspot**, denn das **Korallenriff** liegt hier direkt vor dem Ufer. Geübte Schwimmer können vom Strand aus einen beliebten Schnorchelspot erreichen: das Tugboat (s. S. 96) in fünf Metern Tiefe. In erster Linie ist der Strand bei einheimischen Familien beliebt, denn das Wasser ist stets ruhig und fällt sehr flach ab. Wenn man einen der **Picknicktische** mit Schirm erwischen möchte, muss man sich daher sputen.

› **Anfahrt:** über Caracasbaaiweg

› **Brisa do Mar – Pop's Place** €€ <058> Caracasbaai, direkt am Strand, Tel. +5999 7476688, https://brisadomar popsplace.everyorder.io, tgl. 8–23 Uhr (Küche schließt um 21 Uhr). Das Strandlokal ist nicht viel mehr als eine bunt angemalte Holzhütte mit einer Terrasse davor. Aber hinter der einfachen Fassade verbirgt sich ein wirklich gemütliches Restaurant mit flottem Service und sehr schmackhafter Antillenküche. Da das Preisniveau stimmt, ist das Lokal bei den Einheimischen zu Recht ausgesprochen beliebt. Abends gibt es hier regelmäßig Konzerte, die sich schnell in eine ausgemachte Strandparty verwandeln.

39 Fort Beekenburg ★★ [H8]

Fort Beekenburg ist eines der **besterhaltenen Forts** der ganzen Karibik. Der Namensgeber Direktor van Beek ließ den runden Turm im Jahr 1703 erbauen, ursprünglich zur **Abwehr von Piraten.** Aber auch englische und französische Flotten schlugen die Niederländer von hier erfolgreich in die Flucht. Abgesehen von einer sehr kurzen Zeitspanne war das Fort Beekenburg im Grunde durchgängig in niederländischer Hand, obwohl die einfach zu meisternden Anlegestellen dazu einluden, Curaçao zu erobern.

Der Besuch der Festung ist kostenlos möglich. Allerdings muss man einige **Stufen** und beim Aufstieg zum Wachturm sogar eine **Leiter** erklimmen, um schließlich vom Felsvorsprung aus mit einer wunderbaren Aussicht über die Caracasbaai 38 belohnt zu werden. Festes Schuhwerk und eine gute Konstitution sind dabei hilfreich.

› **Anfahrt:** über Caracasbaaiweg. Die Straße bis zum Ende durchfahren und den Strand rechts liegen lassen. Kurz vor Windsurfing Curaçao rechts den Schotterweg bergauf fahren (Achtung: Schlaglöcher!). Auf der anderen Seite des Hangs ist rechts der Zugang zum Fort. Eintritt frei.

Kamera statt Kanonenkugel: im Fort Beekenburg werden heute höchstens Fotos geschossen

040cu-bw

40 Den Paradera ★ [H7]

Dinah Veeris ist auf Curaçao eine kleine Berühmtheit. Die Herbologin hegt und pflegt ihren **Kräutergarten** schon seit über zwanzig Jahren. In ihrem Paradera – sinngemäß „der Ort, an dem man sich zu Hause fühlt" – zieht sie über 300 Heilpflanzen. In Kalifornien absolvierte sie ein Studium in **Heilpflanzenkunde.** Außerdem hat sie es sich zur Aufgabe gemacht, das Wissen der älteren Generationen Curaçaos über die heilende Wirkung der Pflanzen systematisch zu sammeln. Dinah Veeris ist heute eine anerkannte Expertin. Sogar die königliche Familie der Niederlande zeichnete sie für ihre Bemühungen um die Bewahrung dieser Tradition aus.

Bei einer **Führung durch den Garten** lernt man allerlei Interessantes über die Heilpflanzen und die Anlage selbst, auch wenn der kleine Garten seine besten Zeiten bereits hinter sich hat. Im angeschlossenen **Lädchen** gibt es Kräutermischungen und Erzeugnisse aus dem Garten, die sich gut als Souvenir eignen. Beliebt sind verschiedene Heiltees, Öle und Haarprodukte. Alle Artikel gibt es vor Ort, aber auch im Onlineshop zu kaufen.

› Seru Grandi 105, www.dinahveeris.com, Tel. +5999 7675608, Mo.–Sa. 9–18 Uhr, Eintritt: Erw. 7 US$

41 Sint Jorisbaai (St. Joris Bay) ★★ [I7]

Die unscheinbare Sankt-Joris-Bucht im Norden der Insel hat es in sich. Hier herrscht eine ausgesprochen ruhige Atmosphäre; das 2000 ha große Privatgelände ist völlig ungenutzt. Deshalb erlebt man in diesem Teil der Insel **Natur pur:** Riesige Kakteen ragen über imposante Felsformationen. Das Farbenspiel des azurblauen Meeres und der rötlichen Küste ist besonders im Abendlicht umwerfend.

Einige interessante **Wander- und Radrouten** führen durch das unberührte Areal. Abgesehen von Vogelkundlern sieht man Besucher jedoch eher selten. Dafür findet man noch einige Spuren der **Arawak-Indianer,** die hier einst lebten. Lediglich der Wind bläst so wild wie kaum anderswo auf der beschaulichen Insel.

Aber gerade der kräftige Wind macht die Sint Jorisbaai so beliebt, vor allem bei **Kitesurfern.** Kurse bietet etwa die NIX Kite School (s. S. 97) an. Wer sich nicht selber aufs Brett wagt, hat sicherlich trotzdem viel Spaß dabei, den Könnern bei ihren Sprüngen und Figuren zuzuschauen. An der Sint Jorisbaai trifft sich außerdem die **Motorsport-Szene.** Folgt man dem Weg Naar Santa Catharina bis zum Wasser hinunter, stößt man zunächst auf die Überreste des Landhuis Koraal Tabak. Kurz vor dem Wasser liegt ein sogenannter *Drift Spot*. Das „**Driften**" ist eine Spielart des Autorennens, bei dem das Fahrzeug zum Übersteuern gebracht wird. Die Wagen „rutschen" daher bei recht hohem Tempo über die Rennstrecke.

Wer die Gegend rund um die Sint Jorisbaai genauer erkunden möchte, für den ist eine **Quad-Tour** von **ATV & Buggy Tours** eine gute Option. Die dreistündige Tour etwa beinhaltet einen Stopp in der sehenswerten Höhle Kueba Koraal Tabak.

› **Anfahrt:** über Groot St. Joris West, bis zur Curaçao Ostrich Farm 42, dann der Straße bis zum Wasser folgen

› **ATV & Buggy Tours,** www.atvbuggytours.com, Tel. +599 95405640, 3-std. Quad-Tour: 115 US$, weitere Touren s. Website

42 Curaçao Ostrich Farm ★★ [H7]

Ursprünglich war die **Straußenfarm** gar nicht als Ausflugsziel geplant. Die Betreiber wollten lediglich Straußenfleisch und -eier von Curaçao aus nach Südamerika verkaufen. Schnell bemerkten sie jedoch, dass das Interesse an Besuchen auf der Farm enorm war – und machten kurzerhand ein Geschäft daraus.

Mittlerweile ist die Straußenfarm sehr gut auf Besuchergruppen vorbereitet. Im Rahmen einer **45-minütigen Tour** erkundet man das Gelände in einem **Safari-Jeep** und erfährt eine Menge über die Strauße und ihre Lebensweise.

Die Farm ist eine der größten ihrer Art außerhalb Afrikas. Neben 200 ausgewachsenen Vögeln und ebenso viel Nachwuchs gibt es auf der Farm noch **weitere Tiere** zu sehen: Hängebauchschweine, Krokodile, Pfaue, Papageien, Schafe, Hühner, Ziegen und Schildkröten finden sich auf dem Gelände mit Blick auf die Sint Jorisbaai 41. Die Strauße kann man nicht nur streicheln und füttern, sondern man darf sogar auf ihnen reiten. Dafür muss man allerdings vor 15 Uhr dort sein. Im angeschlossenen **Restaurant Zambezi** lassen sich natürlich auch Straußensteaks probieren. Neben dem normalen Restaurantbetrieb bietet die Straußenfarm auch **Kombitickets** für eine Safari-Tour inkl. Mittag- oder Abendessen an. Im **Souvenirshop** der Farm gibt es neben handbemalten Straußeneiern auch afrikanisch angehauchtes Kunsthandwerk und Schmuck.

Noch mehr Kunst entdeckt man in **Serena's Art Factory**, dem Zuhause der **Chichis** (s. S. 110). Der Laden ist ganz in der Nähe der Straußenfarm zu finden.

- Groot St. Joris West z/n, www.curacaoostrichfarm.com, Tel. +5999 7472777, Mo.–Fr. 9–16.30 Uhr, Eintritt: Erw. 17 US$, erm. 14 US$, **Touren:** Mo.–Fr. 9–16 Uhr, **Kombitickets:** Safari-Tour inkl. Lunch im Restaurant Zambezi Erw. 37,50 US$, erm. 18 US$, Safari-Tour inkl. Dinner im Zambezi 65 US$, erm. 18 US$. Die Farm bietet für 10 US$ einen Abholservice vom Hotel.
- **Zambezi** €€ <059> Groot St. Joris West z/n, Tel. +5999 7472777, www.curacaoostrichfarm.com (Menüpunkt „Info"/ „Restaurant Zambezi"), tgl. 9–16, Fr. zusätzlich 16.30–22 Uhr. Das Zambezi liegt mitten auf der Straußenfarm. Dementsprechend kommt hier in erster Linie Straußenfleisch auf den Teller. Allerdings sind auch Fisch- und vegetarische Gerichte auf der Karte zu finden. Das Restaurant ist im afrikanischen Stil gehalten und verspricht trotz touristischer Ausrichtung ein nettes Ambiente.

43 Aloe Vera Farm ★ [H6]

Aloe Vera wächst heute überall auf Curaçao. Ursprünglich kommt die Pflanze jedoch gar nicht von hier. Ihren Weg auf die Karibikinsel fand das afrikanische Gewächs zu Zeiten des Sklavenhandels. Die Wüstenpflanze ziert heute viele private Gärten, aber sie hat vor allem heilendes Talent: Bei Sonnenbrand gibt es kaum etwas Besseres. Auch bei Insektenstichen und Hautverletzungen wirkt sie wahre Wunder.

Auf der Aloe Vera Farm wird Aloe biologisch angebaut und zu **Kosmetik** weiterverarbeitet. Die Produkte der **Marke Curaloe** sind ein beliebtes **Mitbringsel** und werden im **Plantagenladen** zum Verkauf angeboten. Die Plantage steht Besuchern offen; man darf das Gelände frei erkunden. Empfehlenswert ist jedoch eine 45-minütige **geführte Tour:** Dabei erfährt man Interessantes über die Pflanze selbst, aber auch über den Anbau und die Verarbeitung.

Wer sich von den grünen, dicken Blättern nicht verabschieden mag, übernachtet am besten in der Pension **Hacienda La Bougainville,** die sich direkt am Rand der Plantage befindet.

› Weg naar Groot St. Joris West 9, www.aloeveracuracao.com, Tel. +5999 7675577, tgl. 9–16.30 Uhr, Eintritt frei, Touren Mo.–Fr. 10 und 11 Uhr, Kosten: 14 NAF/8 US$

› **Hacienda La Bougainville** €€ <060> Juan Luis Nst 17 A, Groot St. Joris West, Tel. +5999 6996539 oder +31 612135590, www.labougainville.com. Das bezaubernde Bed & Breakfast liegt in größtmöglicher Abgeschiedenheit am Rand der Aloe Vera Farm und bietet Ausblicke auf den Tafelberg und die Sint Jorisbaai. Am Pool stört nichts weiter die Ruhe als das aufgeregte Zwitschern der Tropenvögel. Alle Zimmer sind sehr geräumig und ansprechend eingerichtet. Die Besitzer servieren ein ausgezeichnetes Frühstück und stehen jederzeit mit Rat und Tat zur Seite. Eine gute Wahl für Romantiker und Naturliebhaber.

Geschichte und Gestein: die Hato Caves führen in eine andere Welt

44 Playa Canoa ★ [H5]

Playa Canoa (auch Kanoa) ist ein **schroffer, aber paradiesischer Ort.** Das Meer ist hier keineswegs so sanft wie an den Stränden der Südküste. An der Playa Canoa schlagen die Wellen ungestüm in die Bucht. Hierher verirren sich eigentlich nur **Surfer,** denn die Bucht ist der einzige Spot der Insel, an dem man **wellenreiten** kann. Es gibt keine Liegen und Sonnenschirme weit und breit, dafür Abgeschiedenheit und eine urwüchsige Natur. Lediglich am Wochenende kann es an Tagen mit gutem Wellengang doch etwas voller werden.

Die Straße zur Playa Canoa ist in keinem guten Zustand. Die letzten Kilometer muss man sich auf **Schlaglöcher** gefasst machen.

› **Anfahrt:** über Kaminda George Willems, Parken direkt am Strand möglich

45 Hato Caves ★★ [F5]

Die Hato-Höhle ist eine **Tropfsteinhöhle** in der Nähe des Flughafens (s. S. 116). Aufgrund vulkanischer Aktivität befindet sie sich etwa 60 m oberhalb des Meeresspiegels. Sie führt 125 m ins Erdinnere. Man vermutet, dass die Höhle über 300.000 Jahre alt ist. Allerdings wurde sie erst vor etwa 250 Jahren entdeckt. Eine Zeit lang diente die Höhle entflohenen Sklaven als Versteck. An einigen Stellen erkennt man an der Decke noch schwarze Flecken, die von den Fackeln der Sklaven herrühren.

Während einer **30- bis 45-minütigen Tour** gibt es Fossilien und viele interessante Felsformationen zu sehen. Mit etwas Fantasie erkennt man darin eine Kathedrale, einen Piratenkopf und eine Hexe. Auch seltene **Fledermäuse** gehören zu den Bewohnern

Ausflüge und Entdeckungen: eine Fahrt durch die Hato Plains

041cu-bw

In den Hato Plains wirkt Curaçao wie ein Wüstenplanet

Eine Fahrt durch die Hato Plains (niederl. Hato Vlakte) bietet eine interessante Abwechslung zu den makellosen Stränden der Insel. Die Ebene erstreckt sich zwischen dem Flughafen (s. S. 116) und den weithin sichtbaren Windrädern.

Sie besitzt eine mystische Anmut, der sich auch der auf Curaçao beheimatete Bildhauer **Yubi Kirindongo** nicht entziehen konnte. Hier pfeift ein kräftiger Passat über die ungewöhnliche Weite, an den Klippen herrscht stets schwerer Seegang. Kirindongo hat diese schroffe Natur mit seinen Kunstobjekten angereichert. Aus bizarren Felsformationen hat er lachende Gesichter gemacht, Schildkröten, Leguane und Fische aus Scherben in die Landschaft gesetzt.

Vor etwa 30.000 Jahren, bevor der Meeresspiegel fiel, lagen weite Teile der Hato Plains unter Wasser. Die steil aufragenden Plateaus markieren die ursprüngliche Küste. Nur widerspenstige Kakteenbäume und niedrige Sträucher lassen sich aus diesem unwirtlichen Landstrich nicht vertreiben. Ein paar Ziegen und Hühner gesellen sich dazu. Ansonsten wirkt die Ebene fast wie die verlassene Kulisse eines Science-Fiction-Films. Die Atmosphäre ist stellenweise apokalyptisch.

Die Abgeschiedenheit hat leider Diebe auf den Plan gerufen. Daher sollte man stets mit dem Auto fahren und sich nicht zu weit vom Wagen entfernen. Wer eine Wanderung durch die Hato-Ebene unternehmen möchten, tut dies besser in einer Gruppe.

Die Zufahrt zur Hato-Ebene erfolgt entweder am Flughafen oder in San Pedro, nahe des Landhuis Ascencion 61. Die Fahrt ist kostenfrei, abgesehen von einem kleinen Wegzoll in Höhe von 5 NAF, den ein privater Grundstücksbesitzer nahe der Windmühlen erhebt. Bei Ankunft an der Schranke muss man lediglich beherzt hupen und ein wenig warten. Die Fahrt dauert mit einigen Fotostopps etwa eine knappe Stunde.

› **Zufahrt Flughafen:** Man fährt Richtung Hato Free Zone, vor dem Sicherheitshäuschen biegt man links auf den Schotterweg ab. Dabei passiert man ein Schild, das darauf hinweist, dass man das Gelände auf eigene Gefahr betritt.

› **Zufahrt San Pedro:** Aus Willemstad kommend, fährt man die Straße Weg naar Westpunt entlang. Vor dem Landhuis Ascencion biegt man rechts in den Schotterweg ein. Dort steht ein kaum lesbares blau-weißes Straßenschild Richtung San Pedro. Am weißen Haus biegt man wieder links ab, hält vor der Schranke und begleicht den Wegzoll.

der Höhle. Spannend wird es, wenn während der Tour kurzzeitig das Licht abgeschaltet wird. Die tiefe Dunkelheit ist für viele Besucher ungewohnt. Alle Durchgänge sind hoch genug, sodass man die Höhle aufrecht erkunden kann. Ein leicht begehbarer Weg führt sicher durch die verschiedenen Räume. Allerdings ist die Luftfeuchtigkeit in der Höhle hoch und gerade zu Beginn ist es noch sehr warm. Der Eingang ist nur über eine **Treppe** mit 49 Stufen zu erreichen. Besucher brauchen daher eine gewisse Fitness.

Im **Park** rund um die Höhle findet sich ein beschilderter Erkundungspfad, der **Indian Trail.** Man spaziert etwa eine halbe Stunde durch einen dichten Kakteenwald und lernt ganz nebenbei einiges über die Flora und Fauna der Insel. Höhepunkt sind einzigartige **Felsbilder (Petroglyphen),** die vor etwa 1500 Jahren von indigenen Völkern des venezolanischen Festlands hinterlassen wurden. Tipp: In den Kakteen sitzen **Leguane** – unbedingt Ausschau halten!

› F. D. Rooseveltweg, http://curacaohatocaves.com, Tel. +5999 8680379, tgl. 9–15 Uhr, Eintritt: Erwachsene 17,50 NAF/10 US$, Kinder 4–12 Jahre 14 NAF/8 US$

Banda Abou – der Westen

In Banda Abou sind die Straßen lang und staubig. Curaçao bekommt im Westen eine **Weite,** die man der kleinen Karibikinsel gar nicht zutraut. Zumindest solange nicht, wie man sich im touristisch erschlossenen Osten aufhält. Aber kaum hat man den Kreisverkehr Zegu (Kreuzung Weg naar Westpunt/Weg naar Hato) mit der etwas seltsam anmutenden, rostigen Rohrskulptur von Yubi Kirindongo passiert, zeigt sich Curaçao **ursprünglich und anspruchslos.**

Die zunächst karge Landschaft täuscht, denn dieser Teil der Insel ist paradiesisch. Erst hier entfaltet Curaçao seine ganze Magie. Am Wegesrand warten charmante Dörfer und so manches Kleinod. **Historische Landhäuser** (s. S. 46) wie das Landhuis Kenepa 67 oder das Landhuis Ascencion 61 erzählen von der wechselvollen Geschichte der Insel. Ziegen und Wildschweine kreuzen die Straße.

Der Blick auf das türkisblaue Wasser ist nirgendwo so atemberaubend wie hier. Schließlich verstecken sich in Banda Abou die malerischen **Puderzuckerstrände,** die Curaçao erst berühmt gemacht haben: Der makellose Vorzeigestrand **Grote Knip** 68 und **Cas Abao** 59, der Traum eines jeden Karibik-Urlaubers, um nur zwei zu nennen.

Auch unterhalb der Wasseroberfläche hat der Westen mehr zu bieten als der Osten. **Playa Kalki** 71 ist einer der vielfältigsten **Schnorchelspots.** Am Doppelriff des kleinen **Playa Lagun** 66 hat man gute Chancen, Wasserschildkröten zu sehen. Taucher weltweit schwärmen vom **Blue Room** (s. S. 95).

Gleichzeitig erlebt man in Banda Abou einzigartige **Naturschauspiele.** In **Watamula** 72 an der Westspitze der Insel hören Besucher der Insel im übertragenen Sinne beim Atmen zu, während rundherum das Meer ungezähmt die Felsen hinaufspritzt. Nur wenige Kilometer weiter erhebt sich der **Sint Christoffelberg** über die Insel. Im zugehörigen **Christoffelpark** 63 schmücken seltene tropische Pflanzen die Wanderwege.

Besucher genießen einen freien Blick auf unberührte Buchten. Und wer jemals in den glitzernden Nachthimmel über Banda Abou geblickt hat, will sowieso nie wieder weg.

46 Blue Bay Beach ★★★ [E6]

Die langgezogene Bucht **Blauwbaai** hat sich schon vor vielen Jahren ein **Golfresort** (Blue Bay Golf & Beach Resort, s. S. 101) gesichert. Der **Zugang** zum Strand ist daher **kostenpflichtig**, steht jedoch jedem offen.

Glücklicherweise fand die Bebauung behutsam statt, sodass die Bucht nichts an ihrer Schönheit eingebüßt hat. Schatten spendende Palmen und strahlend weißer Sand machen die Blue Bay zu einem der **Traumstrände** der Insel. Heiratswillige und Honeymooner sind hier entsprechend oft anzutreffen. Genauso beliebt ist die Blue Bay bei Familien, denn das Wasser ist meist spiegelglatt und sehr flach. Außerdem gibt es einen **Spielplatz.**

Die nette **Strandbar** serviert kühle Drinks und Snacks. Was die kulinarische Qualität und den chronisch überlasteten Service angeht, sollte man jedoch nicht zu viel erwarten.

Das Resort organisiert immer wieder **Sportturniere** und andere Events, die auch für Nicht-Hotelgäste zugänglich sind. Am Eingang zum Strand gibt es links eine große **Infotafel** mit dem aktuellen **Veranstaltungsplan.** Die meisten Angebote sind kostenfrei. In der Blue Bay gibt es einen exzellenten **Schnorchelspot:** Dazu schwimmt man rechts entlang der Felsen ins Meer. Dort, wo der Wellenbrecher endet, kann man metertief in den kristallklaren Ozean hinabschauen und dem regen Treiben unter Wasser zuschauen.

› **Anfahrt:** über Weg naar Bullenbaai. Man folgt den Schildern Richtung Blauwbaai (links abbiegen). Bei der Einfahrt ins Resort passiert man ein Pförtnerhaus. Hier muss man sich als Strandbesucher anmelden. Dafür ist ein Führerschein notwendig. Es wird aber auch ein Auge zugedrückt, wenn man diesen vergessen hat, solange man ein anderes Dokument zur Identifikation vorzeigt. Der Eintritt (15 NAF pro Person inkl. Liege) wird erst am Strand fällig. WLAN kostenlos.

Benannt nach der alten Plantage „Blaauw" macht die Blue Bay ihrem Namen auch heute alle Ehre

47 Boca Sami (Klein Sint Michiel) ★ [E6]

Klein Sint Michiel, besser bekannt als Boca Sami, ist nach **San Miguel (Erzengel Michael)** benannt. Jedes Jahr am 29. September wird der Schutzpatron geehrt. Das Dorf liegt nur 15 Min. vom Flughafen (s. S. 116) entfernt und schließt sich westlich an die beliebte und touristisch gut erschlossene Piscadera Bay 28 an. Boca Sami ist eine **Local Community** und weitestgehend frei von Kommerzialisierung.

Die kleine Bucht besitzt **kristallklares Wasser** und ist bei den Familien in der Nachbarschaft sehr beliebt. Strand und Wohngegend vermitteln einen guten Eindruck von dem ursprünglichen Leben auf Curaçao. Allerdings darf man kein pittoreskes Fischerdorf erwarten. Die Gegend hat einen eher rauen Charme.

Sehr empfehlenswert – besonders zum Sonnenuntergang – ist das **Strandrestaurant Niffo Huts.** Hier stehen die Tische direkt auf dem Sand. Auch das Lokal **DiVerse Sauzen** oberhalb des Strandes ist sehr beliebt.

Die vorgelagerte **Snake Bay** (s. S. 95) ist zudem ein beliebtes Tauchrevier. Vor vielen Jahren stieg hier sogar der berühmte Meeresforscher **Jacques Cousteau** ins Wasser. Entsprechend haben sich gleich zwei Tauchschulen angesiedelt. In Boca Sami starten auch die **Unterwassertouren von Aquafari:** Dabei erkundet man auf einem Tauchscooter die Meereswelt. Da man eine Art Glocke auf dem Kopf trägt, die mit Sauerstoff versorgt wird, ist die Tour für Nichttaucher bestens geeignet. Leider ist der Spaß mit 140 US$ recht kostspielig.

Am Westende Boca Samis schlängelt sich ein kleiner Weg die Klippen hinauf. Von dort präsentiert sich ein schönes **Panorama** über das Karibische Meer. Auch die Pfade, die in die kleine Salzebene führen, sind einen Abstecher wert. Besonders in den frühen Abendstunden staksen hier Flamingos durch das niedrige Wasser.

› **Aquafari** <061> Canoaweg 11, Tel. +5999 5132625, www.aquafari.net, ab 10 Jahren und einer Größe von 1,20 m, Maximalgewicht 125 kg

Mein Tipp

Kleiner Abstecher nach Curasol

Oberhalb von Boca Sami befindet sich das hübsche Wohngebiet **Curasol.** Hier stehen viele bunte Einfamilienhäuser einträchtig nebeneinander. Bei einer Fahrt durch die Straße **Kaya Kashimiri** bekommt man einen guten Eindruck, wie die Mittelklasse der Curaçaoner lebt.

Essen und Trinken

› **DiVerse Sauzen** €€ <062> Canoaweg 18, Tel. +599 98694555, www.facebook.com/DiVersesauzencuracao, tgl. 12–22 Uhr

› **Niffo Huts** €€-€€€ <063> Sint Michielsbaai, Tel. +599 95266282, www.niffohuts.com, Di.–So. 12–22 Uhr. Das entspannte und beliebte Strandrestaurant brüstet sich damit, die besten Burger der Insel zu servieren. Und in der Tat sind die Teller hier sehr großzügig mit leckeren Speisen gefüllt, z. B. mit einem Thunfischburger. Es gibt aber auch viele andere Fleisch- und Fischgerichte sowie Salate und vegane Optionen. Die Niffo Huts sind bereits zum Mittagessen geöffnet, besonders schön ist es jedoch, hier zum Sonnenuntergang einen Cocktail zu schlürfen. Eine Reservierung (z. B. über die Website) ist empfohlen, von Donnerstag bis Sonntag meist unerlässlich, denn dann steppt der Bär.

Unterkünfte

› **BanTopa** €€ <064> Kaya Kashimiri 59, Tel. +5999 8695670 oder +5999

6923157, www.bantopa.nl. Die Anlage oberhalb von Boca Sami verfügt über insgesamt zehn Bungalows in unterschiedlichen Größen. Abgesehen vom Studio haben alle Einheiten mindestens ein Wohnzimmer, ein Schlafzimmer und eine voll ausgestattete Küche. Die Einrichtung ist modern und geschmackvoll. Alle Schlafzimmer besitzen eine Klimaanlage. Dank der Hügellage hat man von hier einen tollen Panoramablick über die Insel.

› **Mondi Lodge** €€€ <065> Klein Sint Michiel 1, Tel. +5999 6867977, www.mondilodge.com. Hübsche Eco-Lodge mit sechs Palapas, die auf Pfählen gebaut sind, darunter ein mehrgeschossiges Baumhaus und eine rollstuhlgerechte Palapa mit Außendusche. Das Warmwasser wird mit einer Solaranlage erzeugt. Alle Häuser haben eine Küchenzeile und sind sehr gemütlich und funktional eingerichtet. Die Mondi Lodge gehört einer alteingessenen Familie aus Curaçao. Jeden Morgen plauscht die Betreiberin Danita mit ihren Gästen beim frisch zubereiteten Wunsch-Frühstück. Der weitläufige tropische Garten ist nicht nur das Zuhause vieler Vögel und Geckos, sondern auch einer Eselfamilie. Dank der zentralen Lage ist die Lodge ein idealer Ort für Reisende, die viel von der Insel sehen möchten.

48 Fort Sint Michiel ★ [E6]

Oberhalb des Strandes von Boca Sami 47, hinter dem Kreisverkehr, ragen die **Überreste dieser alten Festung** über die Klippen. Man geht davon aus, dass der Bau des Forts im Jahr 1701 begann, jedoch nie wirklich abgeschlossen wurde. Im Laufe der Kolonialkämpfe um die kleine Antilleninsel musste das Vorhaben nämlich immer wieder unterbrochen werden. Anfang 1800 wurde die Festung mit zwölf Kanonen aufgerüstet und konnte im August erfolgreich ein englisches Kriegsschiff in die Flucht schlagen.

Über die Jahre wechselten mehrmals die Befehlshaber. Um das Fort besser schützen zu können, setzen die Niederländer **Fortwächter** ein. Der letzte und gleichzeitig berühmteste Wächter war **Christiaan Zimmerman,** dessen Name immer noch eng mit Boca Sami verbunden ist. Christiaan Zimmerman war als Fortwächter sehr beliebt. Er hinterließ acht Söhne und vier Töchter. Bei einem Blick in das Telefonbuch stolpert man heute noch über auffällig viele Zimmermans. In der Nachbarschaft sagt man, einen „echten Zimmerman" erkenne man an den hellen Augen und einer spitzen Nase. Der **tiefblaue Grabstein** des Fortwächters ist noch heute unweit des Forts im Vorgarten eines Privathauses im Canoaweg zu sehen (vom Fort kommend linker Hand). Dass er noch nicht entfernt wurde, liegt an einem *Gentlemen's Agreement* zwischen den Hausbesitzern und der Landesverwaltung.

Heute dient die Ruine den Einheimischen als **Treffpunkt.** An den Steinwänden haben sich **Graffiti-Künstler** verewigt. Das Fort ist **frei zugänglich,** aber leider in keinem guten Zustand.

› **Anfahrt:** am Ende der Kaya Ma Pieternella

49 Rancho Alegre ★ [E6]

Auf der Rancho Alegre geht es munter zu: Hühner, Pferde, Gänse, Esel, Ziegen, Papageien, Schafe, Strauße und sogar ein Pfau sorgen für ziemlich viel Getöse. Verantwortlich für die gutgelaunte Truppe ist Sophie Pinedo. Sie betreibt auf dem Gelände des **Landhuis Sint Michiel** die **kleine, sympathische Farm.**

In erster Linie bietet Sophie **Ausritte** auf ihren zehn Pferden an. Die Touren sind für Anfänger wie für Fortgeschrittene geeignet, denn sie werden stets begleitet. Sobald man fest im Sattel sitzt, startet man direkt hinter der Farm auf einen einfachen Weg. Alle Ausflüge führen immer durch die Natur, nicht entlang der Straße. Unterwegs genießt man eine schöne Aussicht über die Insel. Dafür muss man jedoch **früh aufstehen:** Die Ausritte beginnen i. d. R. morgens um 8 Uhr.

Die Farm ist auch ein lohnenswerter Ausflugsort für Familien, die nicht reiten möchten. Denn die vielen Bewohner machen die Rancho Alegre schon fast zu einem **kleinen Tierpark** – Streicheln inklusive. Außerdem gibt es noch einen **Spielplatz.** Straußeneier aus eigener Zucht kann man übrigens gleich vor Ort kaufen.

› Landhuis Groot St. Michiel, über Weg naar Bullenbaai, Boca Sami, Tel. +5999 8681181 u. 5147100, www.facebook.com/ranchoalegrecuracao, Ausritt: Mo.–Sa. 8 oder 16.30 Uhr, 75 NAF pro Person, Streichelzoo und Spielplatz sind leider nur an ausgewählten Tagen geöffnet (am besten vorab anrufen), Eintritt: 5 NAF

50 Kokomo Beach ★★ [D6]

Seit 2011 erstrahlt die **Vaersenbaai** in neuem Glanz. Bis dato war die lauschige Bucht noch privat: Das Gelände wurde nämlich lange nur von der Polizei genutzt. Nun ist der hübsche Strand unter dem klangvollen Namen Kokomo Beach bekannt und **öffentlich zugänglich.**

Die **ruhige Bucht** ist recht klein, hat aber viel zu bieten: Das Wasser leuchtet hier so türkis, dass man es kaum glauben kann. Ein **Pier** und **Schaukeln** im Wasser runden das Badevergnügen ab. Links und rechts der Klippen tummeln sich Fischschwärme weitgehend unbeeindruckt von den **Schnorchlern.** Von dem Holzsteg schwingen sich Albatrosse erhaben in die Lüfte. Dank eines großen Sonnensegels und zahlreicher Palmen findet man meist einen Schattenplatz. Abends finden am Kokomo Beach regelmäßig Festivals, Konzerte und Partys statt. Sehr beliebt ist die **Full Moon Party** (s. rechts).

086cu-bw

Das zugehörige **Restaurant** bietet eine abwechslungsreiche Karte zu fairen Preisen, zum Beispiel ein üppiges, leckeres *club sandwich.* Schon ab 9 Uhr serviert die Crew Pfannkuchen, Sandwiches und Wraps, die man mit traumhaftem Blick aufs Meer genießt. Di.–Sa. kann man von 18 bis 22 Uhr zu Abend essen.

Tipp: Sonntagabend gibt es ab 17 Uhr Livemusik. Zu diesem „Familientag" bringen viele Einheimische ihre Kinder mit und lassen das Wochenende bei Sonnenuntergang ausklingen.

› **Anfahrt:** Vaersenbaai z/n, über Weg naar Bullenbaai, Parkplatz vorhanden, www.facebook.com/kokomocuracao, Eintritt inkl. 2 Strandliegen: 15 NAF, WLAN kostenlos

MEIN TIPP

Full Moon Party: Tanzvergnügen am Strand

Die **Full Moon Partys am Kokomo Beach** 50 sind legendär. Jeden Monat bringen rund 3000 Partygäste die kleine Bucht zum Beben. Damit handelt es sich um eine der größten Open-Air-Partys in der gesamten Karibik. Wechselnde DJs, darunter auch international bekannte, legen vorwiegend Techno und House auf. Ein Feuerwerk, Fackeln und eine Lichtshow heizen dem feierlustigen Publikum zusätzlich ein. Los geht's bereits ab 22 Uhr, die Tanzfläche füllt sich jedoch erst ab Mitternacht ganz allmählich.

› **Infos:** einmal pro Monat Fr. 22–5 Uhr, www.facebook.com/kokomocuracao, Eintritt: 15–25 NAF (abhängig vom Zeitpunkt der Buchung)

Urlaub pur: Am Kokomo Beach in die untergehende Sonne schaukeln

51 Art Gallery and Studio Philippe Zanolino ★ [D5]

Schon bei einem Blick über die Mauer in den Vorgarten sieht man die **ungewöhnlichen Skulpturen** des etwas exzentrischen Künstlers. **Philippe Zanolino** ist gebürtiger Franzose, lebt und arbeitet aber schon seit 1986 auf der Karibikinsel. Seine Wahlheimat Banda Abou ist für ihn ein gelassener und spiritueller Ort, an dem er eine Verbindung zu Mutter Erde spürt. Im Einklang mit der Natur zu leben, ist ein Motiv, das sich in seiner Kunst häufig widerspiegelt.

Seine Werke sind auch in anderen Galerien auf der Insel zu sehen, beispielsweise in der Gallery Alma Blou im Landhuis Habaai 29 und im Landhuis Bloemhof 33. Ein Besuch in seinem Studio ist jedoch etwas ganz Besonderes. Jeder Winkel steckt voller Kunst und die Energie seiner Lebensphilosophie ist allerorten spürbar.

Wer das Studio von Philippe Zanolino besuchen möchte, muss sich **telefonisch anmelden**; regelmäßige Öffnungszeiten gibt es nicht.

› Kunuku Abou 18, Weg naar St. Willibrordus, neben Kunuku Aqua Resort, www.zanolino.com, Tel. +5999 5207535

Essen und Schlafen

› **Kunuku Aqua Resort** €€€ <066> Weg naar St. Willibordus 36, Tel. +5999 8644455, www.kunukuresort.com. Ideal für Familien: In der großzügigen Poollandschaft mit der quietschgelben Rutsche wird es nie langweilig. Davon machen übrigens auch Tagesbesucher Gebrauch. Während der Saison organisiert das Hotel zusätzlich ein Kinderprogramm und Babybetreuung. Die Ferienhäuser sind modern und komfortabel ausgestattet, die Küchen komplett eingerichtet.

Meine Tipps

Kapiya di Oochi, die „Zwillingskapelle"

Die **kleine Kapelle** Kapiya di Oochi liegt recht unscheinbar links am Wegesrand, wenn man aus Willemstad kommend nach Sint Willibrordus 52 fährt. Erbaut wurde sie 1951 von Christiaan und Lucia Engels. Lucia liebte die Kunst und verbrachte viel Zeit in der Kapelle, um dort Heiligenbilder zu malen. Die Ehe war zwölf Jahre lang kinderlos geblieben, als Lucia Engels zu ihrer Überraschung feststellte, dass sie schwanger war. Sie erwartete sogar **Zwillinge** und überbrachte ihrem Mann die gute Nachricht in der kleinen Kirche. Darum hat sie den Spitznamen *Tweelingkapel*, also „Zwillingskapelle". Der Wunsch der Erbauer, in dem Gotteshaus beerdigt zu werden, ging hingegen nicht in Erfüllung. Heute gilt die Kapelle als **Quelle der Fruchtbarkeit.** Paare, die sich Kinder wünschen, kommen hierher, um zu beten.

› **Kapiya di Oochi** <068> Anfahrt über Weg naar Westpunt, kurz vor dem Abzweig nach St. Willibrordus

Curaçao Shakes

Aleida und ihr Mann Bert betreiben den niedlichen **Food-Truck** am Rande der Straße. Aus dem Wagenfenster reichen sie leckere Snacks aus Aleidas Heimat, der Dominikanischen Republik, und südamerikanische Klassiker. Dazu gibt es – wie fast überall auf Curaçao – einen Batido aus frischen Früchten, mit oder ohne Milch. Ein Stopp lohnt sich allemal!

› **Curaçao Shakes** <069> Weg Naar Westpunt, aus Willemstad kurz vor Tera Korá auf der rechten Seite, Do.–Di. 9–17.30 Uhr

› **Landhuis Daniel** €€€ <067> Weg naar Westpunt, kurz vor Tera Korá, rechte Seite, Tel. +5999 8648400 oder +5999 5280008, www.landhuisdaniel.com, Mo. 12–14 und 17–22, Di.–Sa. 10–15 und 17–22, So. 9–22 Uhr. Dem altehrwürdigen Plantagenhaus hat der Belgier Jan Francke vor rund 20 Jahren neuen Atem eingehaucht. Seither ist das Landhaus eine der Topadressen für Fine Dining. Dabei kombiniert der Chef des Hauses mühelos französische und kreolische Küche. Am liebsten verwendet er Zutaten aus biologischem Anbau sowie Kräuter und Gemüse aus dem eigenen Garten. Sonntagmorgens kann man sich hier ein sonniges Luxusfrühstück gönnen.

[>] Die leuchtende St. Willibrordus Church ist weithin sichtbar

52 Sint Willibrordus (Williwood) ★★ [C5]

Eingebettet zwischen der Jan-Kok-Saline 54 und dem zauberhaften Riff Sint Marie liegt Sint Willibrordus, besser bekannt als Williwood. Der Spitzname des Dorfes ist längst so geläufig, dass hochoffiziell ein **„Williwood"-Schriftzug** – nach dem Vorbild der berühmten Hollywood-Lettern – neben dem Fußballfeld errichtet wurde, der nachts sogar beleuchtet ist. Ein kleines Augenzwinkern ist natürlich inklusive, denn trotz aller landschaftlichen Reize gibt es in Sint Willibrordus weit und breit keine roten Teppiche. Zu filmischen Ehren kam Williwood bisher lediglich in dem charmanten Musikvideo „Dit Eiland" einer lokalen Hip-Hop-Reggae-Band.

In und um Sint Willibrordus locken einige sehenswerte Orte. Der beliebte Strand **Playa Porto Mari** 58, die **leuchtenden Flamingos** in der **Jan-Kok-Saline,** eine ungestörte Natur und die engagierte Nachbarschaft ziehen nicht nur Urlauber, sondern auch neue Bewohner an. Die kleine Dorfgemeinschaft mit der großen, gelben **St. Willibrordus Church** 53 als zentralem Orientierungspunkt besteht vorwiegend aus Curaçaonern, Niederländern, US- und Südamerikanern, die sich als *Williwoodians* verstehen. Inspiration ist hier keine Mangelware. Kein Wunder, dass auch einige **bekannte Künstler** wie **Nena Sanchez** (s. S. 71) und **Philippe Zanolino** (s. S. 67) in der Nähe von Sint Willibrordus ihr Quartier aufgeschlagen haben. Gemeinsam bringen sie ihr Dorf nach vorne.

Der **Toko**, der **Dorf-Kiosk** in Sint Willibrordus, genießt **Kultstatus.** Hier wurde nicht nur der Spitzname „Williwood" erfunden, sondern auch der legendäre **Williburger** mit Ziegenfleisch. Letzterer ist zumindest auf der Insel zum kleinen Exportschlager geworden. Seitdem hat sich der Kiosk zu einem beliebten **Restaurant** namens Marfa's Good Hangout gemausert. Tagsüber fungiert er aber immer noch als Toko und man kann sich auf dem Weg zum Strand mit kühlen Getränken und Snacks eindecken. Sonntagnachmittag treffen sich die Anwohner am Toko zu einer Runde **Domino.** Das Legespiel ist bei der einheimischen Bevölkerung auf der ganzen Insel sehr populär. Wer freundlich fragt, darf sich dazugesellen und eine Weile zuschauen. Es lohnt sich, denn Domino wird hier mit Strategie und großer Ernsthaftigkeit gespielt. Es kann durchaus hitzig werden!

Im Toko kann man auch **Souvenirs** (Kappen, T-Shirts) mit Williwood-Emblem kaufen. Eine eigens entwickelte Broschüre hebt die Sehenswürdigkeiten des Örtchens hervor. Und wenn der Wind einen der Buchstaben des Wahrzeichens umstößt, ist immer jemand zur Stelle, der „Williwood" im wahrsten Sinne des Wortes wieder aufrichtet.

045cu-bw

- **Anfahrt:** über Weg naar St. Willibrordus
- **Marfa's Good Hangout** €€-€€€ <070> Weg Naar Willibrordus/Ecke Weg Naar San Sebastian, Tel. +5999 5121124, www.facebook.com/Williwood.experience, Mo., Mi.–Sa. 8–23.30, So. 10–0.30 Uhr

53 St. Willibrordus Church ★ [C5]

Strahlend gelb setzt sich die Kirche von Sint Willibrordus 52 gegen den blauen Himmel ab. Abgesehen von dem typischen Anstrich ist auch der **neogotische Stil** charakteristisch für die Gotteshäuser Curaçaos. Die weißen Zierränder und das ziegelrote Dach findet man als Gestaltungselemente überall auf der Insel wieder.

In Sint Willibrordus findet sich eine der ersten **katholischen Gemeinden,** die auf Curaçao gegründet wurden. Die heutige Kirche wurde im Jahr 1888 unter der Leitung des Architekten E. K. Margrij fertiggestellt. Unterstützt wurde er von dem Priester Jansen. Damals war es üblich, dass Priester auch an Bauvorhaben beteiligt waren. Allerdings ist die heutige Kirche auf diesem Gelände bereits die zweite; vierzig Jahre früher stand hier ein weitaus kleineres Gotteshaus.

Sehenswert ist der angeschlossene **Friedhof.** Wie fast überall auf der Insel sind die Gräber auch hier über der Erde angelegt, da der Boden zu hart ist, um Löcher auszuheben. Ähnlich wie auf dem Jüdischen Friedhof Beth Haïm Blenheim (30) weisen die Gräber ostwärts; der Kopf liegt im Westen. Man glaubt, nur so können die Toten wirklich Ruhe finden.

› **Anfahrt:** über Weg naar St. Willibrordus, mitten im Dorfzentrum, tagsüber meist geöffnet

In der Jan-Kok-Saline kann man wunderbar Flamingos beobachten

046cu-bw

(54) Jan-Kok-Saline ★★ [C5]

Flamingos sind recht anspruchsvoll. Das flache, salzige Wasser der Jan-Kok-Saline bietet den pinkfarbenen Vögeln jedoch beste Lebensbedingungen. In der Karibik gibt es das nur selten. Darum ist diese Saline eine der wichtigsten **Brutstätten** für Flamingokolonien.

Täglich stolzieren die Langbeiner durch das knöcheltiefe Wasser. Dank einer zu Fuß erreichbaren **Aussichtsplattform** hat man auch dann eine gute Sicht auf die Vögel, wenn sie etwas weiter entfernt stehen – außerdem ist das ein idealer Fotopunkt, besonders in den frühen Abendstunden. Ein Fernglas ist trotzdem nützlich, da man **keinesfalls zu Fuß in die Saline hineinlaufen** sollte. Mittlerweile tun dies viele Touristen, was dazu geführt hat, dass sich die Tiere immer weiter zurückziehen. Große Gruppen von 20 bis 30 Tieren sieht man kaum noch.

Im Jahr 2012 kam es in der Jan-Kok-Saline zu einer **Ölpest.** Öl aus einem venezolanischen Tanker verunreinigte eine Fläche von etwa 30 Fußballfeldern. Darunter hatten natürlich die vielen Tiere, die hier leben, sehr zu leiden. Die **aufwendigen Reinigungsarbeiten** wurden vornehmlich in Eigenregie von den *Williwoodians* koordiniert, da die eigentlich verantwortliche Betreiberfirma der Ölraffinerie erst spät reagierte. Heute ist davon glücklicherweise nichts mehr zu sehen.

MEIN TIPP

Flamingos in Sicht

Ein alternativer Spot, um Flamingos zu sehen, liegt am **Weg naar Bullenbaai** gegenüber der Rancho Alegre (49). Hier sind die Tiere vor allzu aufdringlichen Gästen geschützt und staksen zufrieden durch die Lagune.

Vorsicht: Während des Besuchs sollte man keine Wertsachen sichtbar im Auto liegen lassen; es hat hier schon Einbrüche gegeben.

› **Anfahrt:** über Weg naar St. Willibrordus, aus Willemstad kommend vor Marfa's Good Hangout (s. S. 69) auf der linken Seite, Eintritt frei, Parken am Straßenrand möglich, Aussichtsplattform fußläufig erreichbar

55 Landhuis Jan Kok (Nena Sanchez Art Gallery) ★★ [C5]

Das Landhuis Jan Kok (auch Kock) war das **Plantagenhaus** (s. S. 46) der großen Jan-Kok-Saline 54. Das gut erhaltene Anwesen liegt etwas erhöht und bietet daher eine tolle Sicht auf die Flamingos.

Der Namensgeber und **Plantagenbesitzer Jan Kock** galt als brutaler Tyrann. Man sagt, sein Geist würde noch heute durch das Gemäuer spuken. Eigentlich kaum vorstellbar, denn längst dient es als **Galerie** der Künstlerin **Nena Sanchez.** Ihre farbenfrohen und fröhlichen Bilder wirken über jeden noch so bösen Spuk erhaben. Die ehemalige Miss Curaçao war nach vielen Jahren im Ausland Mitte der 1990er-Jahre in ihre Heimat zurückgekehrt und ließ sich von den prachtvollen Farben der Insel inspirieren, bis sie im Sommer 2017 verstarb. Die Galerie führt nun ihre ältere Schwester Ana weiter. Nenas Kunst hat etwas Leichtes und Naives: Blumen, Kakteen, Bananenstauden und Palmen gehören zu ihren Lieblingsmotiven. Über die Insel verteilt stößt man immer wieder auf Wandmalereien aus ihrer Hand, u. a. am Flughafen (s. S. 116). In Broschüren und Dokumentationen über Curaçao wird ihre Kunst oft als Aushängeschild der Karibikinsel präsentiert.

Neben den Bildern kann man im Landhuis Jan Kok einen **Garten** mit Skulpturen besichtigen. Die überdimensionalen Leguane und hochgewachsenen Göttinnen fügen sich zwischen die Kakteen, als seien sie ein Teil der Natur.

Im angeschlossenen **Souvenirshop** lassen sich Drucke, Kalender und andere Mitbringsel erstehen.

› **Anfahrt:** über Weg naar St. Willibrordus, kurz hinter der Flamingo-Aussichtsplattform der Jan-Kok-Saline 54 rechts, dabei nach einer großen, bunten Frauenstatue Ausschau halten, https://nenasanchez.com, Tel. +5999 8640965, Mo.–Sa. 10–17 Uhr, Eintritt frei

› **Jan Kok Lodges** € <071> Jan Kok 51, Tel. +5999 8649687 oder +5999 5139249, www.jankok-lodges.com. Die Jan Kok Lodges liegen inmitten der Natur. Von hier ist man zwar mit dem Mietwagen in 15 Minuten in der Stadt, am Pool genießt man jedoch Abgeschiedenheit und Stille. Im tropischen Garten, den die Besitzer Frederieke und Jeroen mit viel Liebe pflegen, sind sechs geräumige Apartments und drei Studios untergebracht, die alle über eine eigene Veranda, eine sehr gut ausgestattete Küche und einen Grill verfügen. Teils genießt man sogar Aussicht auf die Flamingos in der Umgebung. Allen Gästen steht außerdem eine große Terrasse mit Outdoorküche und einer kleinen Bibliothek als Treffpunkt zur Verfügung.

56 Coral Estate (Karakter Curaçao) ★★★ [C5]

Coral Estate ist eine **luxuriöse Wohngegend** mit üppigen Villen, die in komfortabler Hanglage über dem Ozean thronen. Hier gibt es zwar keinen Sandstrand, das Wasser ist aber genau deshalb besonders klar und sauber. Besucher können es sich auf dem kleinen Felsplateau von **Karakter Curaçao** gemütlich machen und von der Sonnenliege einen ungestörten 180-Grad-Blick auf den Horizont genießen, während im Hintergrund Chill-out-Musik plätschert. Das stylische **Restaurant mit Beachclub** ist schon zum Frühstück geöffnet, aber auch für ein Mittag- oder Abendessen mit Aussicht aufs Meer ideal. Für das gelungene Ambiente zwischen Design und Bootshaus zeichnet der Architekt Henk Bolivar von Bo! Arkitektura verantwortlich.

Über eine breite Treppe gelangt man bequem ins überraschend flache Meer. Zum **Schnorcheln** ist dieser Ort einfach paradiesisch. Den Kopf muss man kaum unter Wasser halten, schon wird man von vielen schillernden **Papageienfischen** begrüßt. Man kommt ihnen hier so nah, dass man sie sogar an den Korallen knabbern hören kann.

Der Deal ist simpel: Man darf den Strand, die Liegen und Schirme und das WLAN kostenlos nutzen. Dafür wird ab und an eine **Bestellung** an der Bar erwartet. Es gibt zwar keinen Mindestverzehr, mitgebrachte Getränke und Speisen sind allerdings nicht gern gesehen. Das Preisniveau für Getränke ist jedoch angemessen und der Service keineswegs aufdringlich. Außerdem bekommt man auf der Insel kaum einen so guten Kaffee wie in der Karakter-Bar. Besonders stimmungsvoll ist es am Abend, wenn Fackeln und Kerzen leicht im Wind flackern. Ein Blick auf die Tageskarte lohnt: Wenn *lionfish* (Skorpionfisch) angeboten wird, unbedingt zuschlagen! Dieser kommt fangfrisch aus den umliegenden Gewässern.

Alles in allem ein herrlicher Ort für ein spannendes Buch und einen **relaxten Tag am Meer.**

› **Anfahrt:** über Weg naar St. Willibrordus. An der Kirche biegt man links ab und folgt den Schildern Richtung Karakter-Bar. Kurz vor der Einfahrt wehen Coral-Estate-Fahnen, hier wieder links halten. Man passiert ein Pförtnerhäuschen, an dem man sich als Gast der Karakter-Bar anmeldet. Dafür braucht man einen Ausweis oder Führerschein. Man erhält ein Schild, das vorne in die Windschutzscheibe gelegt wird. So kann man den Parkplatz kurz vor dem Strand kostenlos nutzen.

In der Bar Karakter Curaçao: eine Prise Luxus mit Blick aufs Meer

047cu-bw

› **Karakter Curaçao** €€, www.karaktercuracao.com, Tel. +5999 8642233, tgl. 8–21 Uhr

› **Koraal Rooftop Terrace** €€, tgl. 10–22 Uhr, http://koraalcuracao.com, Tel. +5999 7352884. Oberhalb der Karakter Bar haben die gleichen Besitzer eine schicke Pool-Bar eröffnet: Im Koraal entspannt man am 23 m langen Infinity-Pool. Tagsüber gibt es Snacks und eine Mittagskarte. Abends kann man vornehm dinieren. Samstags gibt es Sushi, sonntags ab 18 Uhr BBQ mit Reggae-Band und speziellen Rum-Cocktails. Das Ambiente lässt man sich gut bezahlen: Erst ab 50 NAF Mindestverzehr pro Person ist der Eintritt frei, darunter zahlt man 20 NAF extra.

› **Pizza and more** € <072> Tel. +5999 6940628, https://pizzaandmorecuracao.com, tgl. 12–21 Uhr. Für den schmaleren Geldbeutel gibt es direkt am Parkplatz die Pizzeria Pizza and more. Hier gibt es sehr gute, hausgemachte Pizza und Pasta inkl. veganer Optionen. Die dazugehörige Bäckerei hat leckere Kuchen und Pastecchi im Angebot. Auch Lieferservice.

57 Daaibooibaai ★★ [C5]

Die **Daaibooi-Bucht** ist ein wenig unterschätzt. Zum Glück für alle, die den gemütlichen Strand zu schätzen wissen, denn so ist es hier selten richtig voll. Ein paar Palmen, ein paar Schatten spendende **Palapas-Hütten** (s. rechts) – viel mehr gibt es nicht. Strandliegen lassen sich vor Ort mieten; auf dem weichen, warmen Sand der öffentlichen Bucht liegt man aber auch sehr bequem auf einem Badetuch. Der Meeresgrund ist allerdings mit Korallen und Steinen übersäht. Wer mit kleinen Kindern kommt oder sensible Füße hat, bringt besser Wasserschuhe mit.

KURZ & KNAPP

Palapas

Palapas sind einfache **Sonnendächer,** die mit **Palmwedeln** gedeckt werden. An den Seiten sind sie offen. Die Palapas sind willkommene Schattenspender und an fast allen Stränden Curaçaos anzutreffen. An heißen Tagen muss man sich jedoch sputen, um einen der begehrten Plätze unterm Palmendach zu ergattern.

Die ansässige **Snackbar** serviert einige niederländische Klassiker wie *pommes speciaal* und *frikandel* (s. S. 106) sowie natürlich kalte Getränke. Man darf auch seinen eigenen Grill anwerfen.

Ansonsten geht es in der Daaibooibaai vergleichsweise ruhig zu. So ruhig, dass sogar seltene **Unechte Karettschildkröten** zur Eiablage herkommen. Nur das selbstbewusste Kikeriki eines Hahnes, dem unangefochtenen Platzhirschen des Strandes, mischt sich ab und an in das Meeresrauschen.

Schnorcheln kann man am Daaibooi natürlich ebenfalls. Allerdings sollte man sich etwas weiter hinaus wagen. Dort sind auch größere Schwärme bunter Fische zu sehen: Engelfische, Seepferdchen und Flötenfische sind keine Seltenheit.

Früher beherbergte die Bucht übrigens einen **Hafen.** Boote legten an, um das in der Jan-Kok-Saline 54 gewonnene Salz nach Willemstad zu transportieren. Einige Ruinen aus dieser Zeit sind bei **Wanderungen** entlang der Klippen noch zu entdecken. Auf der westlichen Seite führt ein Trampelpfad auf die Felsen hinauf – ein guter Ort für ein Panoramafoto. Ansonsten hat der Besitzer der Strandbar, Kees van Dongen, immer einen Tipp parat für einen kleinen Ausflug in die umliegende Landschaft.

› **Anfahrt:** über Weg naar St. Willibrordus, an der Kirche links abbiegen und der Straße bis zum Ende folgen, http://daaibooi.com, Tel. +5999 5611444 oder +5999 8647555, Snackbar: Mo.–Fr. 11–18, Sa./So. 10–18 Uhr, Eintritt frei, Liege: ab 5 NAF (zzgl. 5 NAF Kaution). WLAN.

58 Playa Porto Mari ★★★ [C5]

Playa Porto Mari gehört zu den **Topstränden der Insel,** berühmt für sein kristallklares Wasser und die makellose Schönheit der zugehörigen Bucht. Lässt man den Blick über das ruhige Meer gleiten, kann man sich kaum vorstellen, dass hier einmal einer der größten **Sklavenaufstände** der Insel stattfand. Heute reihen sich an dem langen Sandstrand die Liegen und Sonnenschirme aneinander.

Playa Porto Mari hat für jeden etwas zu bieten: Sonnenanbeter werden ebenso froh wie Kinder, die am flach abfallenden Ufer ausgezeichnet spielen können. In der zugehörigen **Bar** gibt es leckere Snacks und kühle Getränke, am hinteren Ende des Strands außerdem noch einen Spielplatz.

Die Taucher der ansässigen **Tauchschule** wissen den Strand ebenfalls zu schätzen, denn hier spazieren sie bequem ins Wasser. Direkt vor dem Strand liegen zwei sehr abwechslungsreiche Riffe mit einem dazwischen liegenden „Tal". Das Tauchrevier hat daher auch den **Beinamen „The Valley".** Schnorchler kommen ganz besonders auf ihre Kosten: In dem sehenswerten Doppelriff hat man zusätzlich **zwei Schnorchelpfade** angelegt. Dafür wurden sogar Riffglocken auf dem Meeresgrund verankert, um mehr Fische anzulocken. Die Schnorchelpfade beginnen jeweils an den Stegen.

Ferner ist Playa Porto Mari ein Strand, der sogar „Landratten" zufriedenstellt: Am Parkplatz starten nämlich drei kurze **Rundwanderwege** (mehr unter Wandern, s. S. 99). Danach hat man sich erst recht einen Sprung ins erfrischende Blau verdient. Wer es bequemer mag, steigt auf den kleinen Aussichtsturm am Parkplatz und knipst von dort oben das atemberaubende Panorama.

› **Anfahrt:** über Weg naar St. Willibrordus, im Ort der Beschilderung folgen (Achtung: Parkplatz und Zufahrt haben teils Schlaglöcher), Tel. +5999 8647558, www.playaportomari.com, tgl. 9.30–18.30 Uhr, Eintritt: 5 NAF, Liege u. Sonnenschirm pro Person: 6 NAF

048cu-ctb©www.curacao.com

Am Playa Porto Mari führt ein Steg mitten ins Schnorchelparadies

59 Cas Abao ★★★ [C4]

Cas Abao (auch Cas Abou) ist ein **Strand wie gemalt:** Der Sand ist strahlend weiß, das tiefblaue Wasser glitzert im Sonnenlicht. An der perfekt geschwungenen Bucht spenden hohe Palmen willkommenen Schatten. Ein karibisches Paradies, das sich an die mit Kakteen bewachsenen Klippen schmiegt – kein Wunder, dass der Strand schon mehrfach international ausgezeichnet wurde.

Obwohl Cas Abao mit Strandbar und **Sportangeboten** voll ausgestattet ist, wirkt der Strand immer noch natürlich und ursprünglich. Am flachen Ufer klirren weiße Muscheln aneinander und das Riff entlang der Klippen ist das Zuhause für Kofferfische, Aale und Papageienfische. Sogar **Rochen** kommen ab und an so nah, dass man sie vom Ufer aus erspähen kann.

Die **Daiquiri-Bar** macht ihrem Namen alle Ehre und versorgt die Sonnenhungrigen neben Wraps, Baguettes und Salaten auch mit Cocktails. Wer die Bucht auf dem Wasser erkunden möchte, kann sich bei der **Tauchschule Kajaks** sowie Surfbrett und Stehpaddel fürs **Stand Up Paddling** leihen. Außerdem sorgt ein Massageteam für Entspannung.

Mit all diesen Vorzügen ist Cas Abao auf der Insel natürlich längst kein Geheimtipp mehr. Da die Bucht recht groß ist, kommt jedoch selbst an vollen Tagen kein Gedränge auf. Gerade am Wochenende sind die Schattenplätze allerdings schon morgens belegt.

› **Anfahrt:** über Kaminda Monica Kapel-Matheeuw, dann den Schildern folgend links abbiegen, Eingang gegenüber vom Landhuis Cas Abao, www.casabaobeach.com, tgl. 8–18 Uhr, Eintritt: 10 NAF pro Auto mit max. 4 Personen (So. 12,50 NAF), jede weitere Person 2,50 NAF, Liegen: 5 NAF, Massagen: 50–90 NAF, Öffnungszeiten Strandbar: tgl. 10–18 Uhr

› **E Lanternu** €€ <073> Fontein 20, direkt gegenüber der Zufahrt zum Cas Abao, Tel. +5999 5126894 u. 8697666, www.facebook.com/ELanternu, Mi.–Mo. 17–22 Uhr. Der optimale Platz für ein Abendessen nach einem langen Tag am Cas Abao. Hier ist man auch mit nassen Haaren und Flipflops herzlich willkommen. Das warme Licht auf der Terrasse schmeichelt sowieso jedem. Auf den Teller kommen schnörkellose, aber leckere Gerichte wie Pizza und Fritten. Der *karni stobá,* ein Rindfleisch-Eintopf, schmeckt hervorragend!

049cu-bw

Der Cas Abao bietet Service und ein malerisches Ambiente

60 Santa Martha Bay ★★ [B3]

Die Santa Martha Bay haben nur sehr wenige Curaçao-Urlauber auf der Liste. Dabei bietet die Bucht inmitten der grünen Hügellandschaft mit dem Sint Christoffelberg im Hintergrund wunderbare **Ausblicke und Fotomotive.**

Besonders Fans von Lost Places werden die Santa Martha Bay lieben, denn der Strand gehörte einige Jahre zum Sunset Water Beach Hotel. Das musste allerdings schon vor einigen Jahren schließen. Die Gebäude sind längst geräumt und geplündert worden. Darum wirkt das **leere Hoteldorf** etwas gespenstisch. Die dazugehörige Bucht hingegen ist so zauberhaft, dass der Spuk nicht lange währt. Hierher verirren sich nur selten Besucher. An vielen Tagen hat man den großen, ruhigen Strand ganz für sich alleine. Von den einst Schatten spendenden Palapas (s. S. 73) sind nur noch Überreste zu erkennen. Es gibt keine Toiletten oder Duschen. Auch **Verpflegung**, insbesondere Getränke sollte man für einen langen Strandtag mitbringen. Dann kann man sich an diesem ehemaligen Luxusstrand ausbreiten und so tun, als gehöre einem die ganze Bucht – wenn auch nur für einen Tag. Das Gelände soll bis 2024 wieder mit einem Hotel bebaut werden. Zum Redaktionsschluss war nicht klar, wie lange die Santa Martha Bay noch frei zugänglich sein wird.

› **Anfahrt:** Aus Willemstad kommend biegt man in Soto links Richtung Groot St. Martha ab und folgt der Straße. Fast auf dem höchsten Punkt angelangt, kommt man rechts an einen Aussichtspunkt – ein Fotostopp lohnt sich. Man folgt der Straße weiter bis zu dem verlassenen Hotelkomplex. Von dort geht es geradeaus bergab zum Strand. Parken direkt auf dem Strand möglich.

› **Blenchi Boutique Hotel & Restaurant** €€€ <074> Kaminda Serapio A. Pinedo, kurz hinter der Kreuzung mit Kaminda Johan M. Statius van Eps, Tel. +5999 8640316, www.landhuisksm.com. Das Boutiquehotel hat das liebevoll restaurierten Landhuis Klein Santa Martha bezogen. Die fünf Zimmer sind mit einem Hauch Luxus eingerichtet, der Kolonialcharme ist dadurch jedoch nicht verloren gegangen. Dank der Hügellage genießt man nicht nur vom Pool aus herrliche Ausblicke über die Santa Martha Bay, und das in absoluter Ruhe. Angeschlossen ist ein sehr gutes Restaurant (geöffnet tgl. 8–22 Uhr).

61 Landhuis Ascencion ★★ [C3]

Das **pastellgelbe Landhuis** ist eines der größten und elegantesten Landhäuser (s. S. 46) Curaçaos. Es thront seit Ende des 17. Jahrhunderts auf dem Hügel **südlich von Barber.** Die Lage hat zwei Vorteile: Zum einen weht der frische Nordost-Passat durch die Räume, zum anderen hatte man von hier die anderen Plantagenhäuser gut im Blick. So konnten sich die Besitzer gegenseitig warnen, wenn Sklavenaufstände oder Angriffe drohten. Während zu Beginn der Anbau von Mais, Bohnen und sogar Baumwolle florierte, wurde die Plantage ab dem 19. Jahrhundert nur noch für die Viehzucht genutzt.

Das restaurierte Anwesen wird heute überwiegend für **Veranstaltungen** genutzt. Donnerstags kann man jedoch an einem interessanten **Rundgang** durch die teils noch historisch möblierten Räume des Herrenhauses und das umgebende Gelände teilnehmen. Die Führung beginnt morgens mit einer Tasse Kaffee. Während der einstündigen Tour erfährt man viel über die Geschichte der Plantage, das Leben der Sklaven und die Natur der Insel. Zum Abschied gibt es Kuchen und eine frische Limonade.

Jeden ersten Sonntag im Monat öffnet das Landhaus seine Pforten für einen **Tag der offenen Tür.** Die Veranstaltung beginnt morgens mit einem ökumenischen Gottesdienst. Danach findet eine Führung durch das Haus statt. Auf dem Gelände ist bis zum Nachmittag einiges los: Es gibt eine Liveband, die für typisch karibische Klänge sorgt; Künstler und Händler verkaufen selbstgemachte Souvenirs, tropische Pflanzen, Kleidung und Mitbringsel aus Naturmaterialien. An den Plastiktischen im Schatten der Bäume kann man bei Snacks und kühlen Getränken verschnaufen.

› **Anfahrt:** über Weg naar Westpunt, www.landhuisascencion-curacao.com, Tel. +5999 8641950, Führungen jeden Do. 8.30 Uhr (Eintritt: 10 NAF, Anmeldung telefonisch oder per E-Mail erforderlich), Tag der offenen Tür: jeden 1. So. im Monat 10–14 Uhr (Eintritt frei)

› **Landhuis Dokterstuin (Komedor Krioyo)** €€ <075> Weg naar Westpunt, zw. Barber u. Landhuis Ascencion, Tel. +5999 8642701, Facebook-Seite, Di.–Fr. 9–16, Sa./So. bis 17 Uhr. Komedor Krioyo im Landhuis Dokterstuin ist eine Institution auf der Insel und eine der ersten Adressen für authentische Krioyo-Küche. Auf der Karte stehen vorwiegend *sopas* (Suppen) und *stobás* (Eintöpfe). Vegetarische Gerichte sind kaum vorhanden. Sonntags bietet der Besuch spannende Einblicke in das Inselleben – viele Kirchgänger essen hier nach der Messe im feinen Sonntagsstaat zu Mittag. Die Curaçaoner essen nämlich traditionell eher mittags warm und ausgiebig. Man sollte unbedingt zeitig kommen: Das Restaurant schließt bereits um 16 Uhr.

Mein Tipp

Marshé di Barber

Jeden Sonntag verwandelt sich das sonst verschlafene **Zentrum Barbers** in einen lebendigen **Marktplatz.** Schon früh morgens rollen die ersten Pick-ups an, beladen mit Früchten und Gemüse. Ältere Damen bauen ihre Kochstellen auf und Heiler legen gesegnete Kruzifixe zu ihren Kräutermischungen. Dazwischen stehen Zöglinge allerlei tropischer Pflanzen und Hühnerkäfige.

Der Marshé di Barber ist ein lokaler Markt, auf dem die Einheimischen sich mit frischen Zutaten für die kommende Woche eindecken. Aber nicht nur das: Der Markt ist auch ein Ort, an dem man sich mit den Nachbarn auf einen Eintopf *(stoba)* trifft und die neusten Ereignisse austauscht. An den Essensständen gibt es hausgemachte, typische **Krioyo-Gerichte** wie *sopi piská* (Fischsuppe) und *repa di pampuna* (Kürbispfannkuchen) zu sehr günstigen Preisen. Auch die karibischen Süßigkeiten, die *kos dushi,* darf man sich nicht entgehen lassen. Wer sehr experimentierfreudig ist, probiert *pan ku sanger* (gekochtes Ziegenblut mit Brot). Das Gericht ist unter den Insulanern sehr beliebt.

Der Markt ist **kein touristischer Ort.** Ein paar Worte Papiamentu und ein herzliches Lächeln erleichtern den Einkauf.

› **Marshé di Barber** <076> Kaminda Próspero (Popo) Rojer, nahe der Kirche, Barber, So. 6.30–13, max. 14 Uhr

62 Hòfi Pastor ★★ [C3]

Hòfi Pastor ist ein kleines **Naturschutzgebiet,** das die *Amigu di Tera,* also die „Freunde der Erde", hegen und pflegen. In dem wilden Naturgarten steht der **älteste Baum der Insel:** Der gigantische **Kapok,** ein Wollbaum, wurde vor über 800 Jahren von venezolanischen Arawak gepflanzt, die auf der Flucht vor Angreifern nach Curaçao kamen. Wegen seiner sonderbaren Form galt er als heilig und wurde zu einem Ort für religiöse Zeremonien. Zwar konnten die Indianer sein Holz gut gebrauchen, beschnitten den Baum aber stets so, dass er weiter blühen und wachsen konnte. Er bringt Besucher noch heute zum Staunen. Seine Pflanzenfasern bedecken den Waldboden manchmal wie ein weicher, weißer Teppich.

Aber auch der Rest des rund 10 ha großen, schattigen Gartens ist sehr sehenswert. Es gibt zwei kurze **Wanderrouten,** die jeweils etwa 2 km lang sind. Zwischen der üppigen Vegetation trifft man auf viele Vögel, u. a. kleine Falken, und Schmetterlinge. Andere Besucher hingegen begegnen einem selten. Der Name Hòfi Pastor bedeutet soviel wie **„Obstgarten des Priesters"** und sagt bereits alles über seine Entstehung. Der Park gehörte früher der katholischen Gemeinde und befindet sich in unmittelbarer Nähe zur Kirche San Jose. Sonnencreme und Mückenspray nicht vergessen!

› Weg naar Westpunt/Ecke Kaminda Próspero (Popo) Rojer, Barber, Tel. +5999 8642207 u. 7373965, Fr.–Mi. 9–16 Uhr, Eintritt: 5 NAF, erm. 2,50 NAF. Die Öffnungszeiten werden nicht immer eingehalten.

› **Supermarkt Centro MM** <077> Kaminda Próspero (Popo) Rojer, Barber, von der Kirche San Jose kommend auf der rechten Seite, in einem großen, grünen Gebäude

⊡ *Der Sint Christoffelberg ist die höchste Erhebung der Insel*

63 Christoffelpark mit Savonet Museum ★★★ [B2]

Der Christoffelpark ist **Curaçaos größter Nationalpark.** Er erstreckt sich über 2300 ha im Nordwesten der Insel. Historische Stätten, unberührte Buchten und eine imposante Natur locken nicht nur passionierte Wanderer hierher.

Die Landschaft mutet an vielen Stellen zwar fast wie eine Wüste an. Darin entdeckt man jedoch vielerorts eine überraschend **abwechslungsreiche Flora und Fauna.** Zwischen den **Ruinen** der ehemaligen Plantage wachsen wilde Orchideen und in den Sträuchern verstecken sich seltene Weißwedelhirsche – der Christoffelpark ist das Zuhause einer ganz besonderen, zierlichen Art, die nur auf Curaçao zu finden ist.

Durch das Areal ziehen sich rund 12 km Landstraße, auf der man den Park auf eigene Faust **mit dem Auto** erkunden kann. Angeboten werden jedoch auch zwei- und vierstündige **Jeep-Safaris.** Dabei erfährt man Interessantes über die Jagdmethode des Warawara, eines Raubvogels, der lieber läuft als fliegt, besichtigt Höhlen mit präkolumbianischen Indianerzeichnungen und genießt einzigartige Ausblicke auf die vollkommen ursprüngliche Bucht Boka Grandi. Ein Hut, Getränke und Sonnencreme gehören bei dieser Tour ins Handgepäck; an heißen Tagen ist die Sonne in den offenen Wagen gnadenlos.

Außerdem gibt es **acht markierte Wanderwege** – vom einfachen Spaziergang bis zur anspruchsvollen Wanderung auf den 375 m hohen **Sint Christoffelberg.** Letztere ist jedoch nur geübten und körperlich fitten Wanderern zu empfehlen. Der zweistündige Aufstieg wird besonders zum Ende hin anstrengend, teilweise muss man auf allen Vieren klettern. Dafür eröffnet sich auf dem Gipfel ein atemberaubendes 360-Grad-Panorama über Curaçao. Aus Sicherheitsgründen darf die Tour nach 10 Uhr nicht mehr begonnen werden.

Für Blumenfreunde ist der **Orchid Trail** ideal. Am Wegesrand stehen weiße und violette Orchideen (*Myrmecophila Humboldtii* und *Brassavola Nodosa*) neben blühenden Kakteen.

Der Nationalpark bietet außerdem einige **Mountainbike-Pfade** an (s. S. 102). Dafür muss man jedoch ein geeignetes Fahrrad mitbringen.

Im alten **Plantagenhaus** wurde erst vor wenigen Jahren das **Savonet Museum** eingerichtet. Das kanariengelbe Anwesen ist eines der ältesten Landhäuser (s. S. 46) der Insel. Früher wurden auf der Plantage Wassermelonen, Kürbisse, Bohnen und Erdnüsse angebaut; Teile der alten Bewässerungsanlage kann man noch im Park entdecken. Etwa 130 Sklaven lebten und arbeiteten hier. Heute erzählt das Museum sehr anschaulich die Geschichte Curaçaos von der indigenen Bevölkerung über die Kolonialherrschaft bis zur modernen Zeit.

Der Park organisiert viele verschiedene Aktivitäten, darunter Tierbeobachtungen, Höhlenbesichtigungen, Mondwanderungen und Sonnenuntergangssafaris. Karten und Informationen erhält man im **Besucherzentrum** direkt am Eingang.

- **Anfahrt:** über Weg naar Westpunt. Das Besucherzentrum liegt, aus Willemstad kommend, ca. 5 km vor Westpunt auf der rechten Seite.
- Savonet z/n, www.christoffelpark.org, Tel. +5999 5201685, tgl. 6–14 Uhr (Einlass nur bis 13.30 Uhr), das Museum schließt ebenfalls um 13.30 Uhr, Kombiticket Christoffelpark und Savonet-Museum: 15 US$, Kinder 6–12 Jahre 5 US$, unter 6 Jahren frei, nur Museum 3 US$/2 US$
- **Jeep-Safaris:** Mo., Mi. u. Fr. ab 8 Uhr oder auf Anfrage, 2-std. Safari: Erw. 20 US$, erm. 10 US$. 4-std. Safari: Erw. 40 US$, erm. 20 US$, für Kinder unter 6 J. kostenlos

050cu-bw

64 Shete Boka National Park ★★★ [B1]

Die beste Art, die **raue Nordwestküste** der sonst so pittoresken Insel zu erkunden, ist der Nationalpark Shete Boka. Eingerichtet wurde er bereits 1994, um Brutplätze der Wasserschildkröten zu schützen. Heute erstreckt sich der Park über 10 km Küstenstreifen. *Shete boka* heißt auf Papiamentu soviel wie **„sieben Münder"** und bezieht sich auf die Felsbuchten in diesem Abschnitt. Das Meer tost in diesem Teil der Insel laut und rücksichtslos. Über die Jahrtausende haben sich dadurch bizarr-schöne Felsformationen herausgearbeitet.

Die wohl bekannteste und sehenswerteste Bucht ist **Boka Tabla.** Hier donnern die Wellen in eine **unterirdische Höhle.** Über in den Fels geschlagene Stufen kann man in die Höhle hinabsteigen und die dramatische Atmosphäre hautnah erleben. Ein weiteres Highlight ist die **natürliche Brücke am Boka Wandomi,** unter der die Gischt schäumend hervorschießt.

Schroffe Schönheit: unterwegs im Shete Boka National Park

Am **Boca Brown** kommen regelmäßig drei verschiedene Arten von Meeresschildkröten zur Eiablage an Land.

Den Shete Boka National Park kann man bequem **mit dem Auto** erkunden. Es ist jedoch durchaus reizvoll, den Park per pedes zu erkunden. Dafür stehen **zwei Rundwanderwege** für Touren von jeweils einer Stunde Länge zur Verfügung: entweder in westlicher Richtung zum Boca Tabla bzw. zum Boka Wandomi oder in östlicher Richtung zum Boca Pistol. Beide Wanderungen beginnen am Hauptparkplatz. Eine **Karte** ist am Eingang erhältlich.

› **Anfahrt:** über Weg naar Westpunt, aus dem Osten kommend am Christoffelpark 63 vorbei, Tel. +5999 8640444, tgl. 9–16.30 Uhr, Erw. 17,50 NAF/10 US$, Kinder 6–12 J. 2 NAF/1,50 US$

65 Hòfi Mango ★★ [B3]

Hòfi Mango war einst eine Zucker- und Mangoplantage. Am Eingang steht noch die alte Zuckermühle. Das Areal wurde zu einem **Park** mit einem hübschen Bachlauf umgestaltet. Man läuft recht bequem über einen angelegten **Wanderweg** durch verschiedene Bereiche wie den Giftgarten oder den beeindruckenden Mangowald mit seinem hochgewachsenen, alten Baumbestand. Unterwegs kreuzen Vögel, Libellen, Schmetterlinge, Eidechsen und Bienen den Weg. In der Mitte des Parks steht das Kunstwerk **„Die Hände Gottes“** auf einem Hügel. Von dort oben genießt man zudem einen wunderbaren Ausblick über Westpunt. Im angeschlossenen **Lunch-Café** gibt es Speisen, teils aus eigenem Anbau.

Der Park befindet sich noch in der Entstehung. Bei Redaktionsschluss waren die Pflanzarbeiten noch nicht ganz abgeschlossen.

› Santa Cruz 23, Westpunt, Tel. +5999 5151707, https://hofimango.com, tgl. 8–18 Uhr, Eintritt: 15 US$, erm. 7,50 US$, Führungen: Mo.–Fr. 9.30 und 11, Sa./So. 8, 9.30 und 11 Uhr, 20 US$, erm. 15 US$

66 Playa Lagun ★★ [A2]

Der **kleine Sandstrand** liegt behaglich eingebettet zwischen hohen Klippen. Auf dem strahlenden Sand warten Fischerboote auf ihren nächsten Einsatz – ein wahrhaft romantisches Panorama. Oberhalb der Felsen stehen vereinzelt Ferienbungalows und kleine Apartmentanlagen. Dazu gesellen sich einige wenige Restaurants und zwei Tauchschulen. Ansonsten ist es in dieser Gegend eher ruhig.

Für die Anwohner ist Playa Lagun ein wichtiger Ort. Am Nachmittag kann man am Strand **frischen Fisch** kaufen. Die Schulkinder lernen hier schwimmen und sogar Yogakurse finden in der Bucht statt. Trotzdem wirkt Playa Lagun selten überfüllt. Hier herrscht das entspannte Insel-Kredo „Biba i laga biba“ – „Leben und leben lassen.

Besonders reizvoll ist die **Unterwasserwelt** des Playa Lagun. Auf beiden Seiten erstreckt sich nämlich ein intaktes Doppelriff, das unzählige Tiere und Korallenformationen beherbergt. An klaren Tagen genießt man bis zu 50 m Sicht. Mit etwas Glück paddeln Meeresschildkröten gemächlich an einem vorbei.

Schnorchel- bzw. Tauchausrüstung, Snacks und Getränke gibt es im **Discover Lagun** oberhalb des Parkplatzes und in der **Bahia Bar** rechts auf den Felsen. Von der Bahia Bar hat man nicht nur einen guten Ausblick aufs Meer, sondern auch auf eine Leguan-Großfamilie, deren Oberhäupter

MEIN TIPP

Unterwegs mit Captain Goodlife

Captain Goodlife ist ein Original. Er kennt jeden noch so versteckten Winkel Banda Abous und hat ein unerschöpfliches Wissen über die Einwohner der Insel und ihre Eigenheiten. Mit seinem **Wassertaxi (Let's Go Watersports)** sticht er vom **Playa Santa Cruz** [A3] aus in See. Seine Gäste können mit ihm zu Schnorchel- und Tauchplätzen rausfahren oder Hummer fangen. Jede Tour ist gespickt mit Anekdoten und seiner ganz eigenen Lebensphilosophie. Es sei jedoch gesagt, dass Captain Goodlife gute und schlechte Tage hat.

Die Mangrovenwälder rund um die Santa-Cruz-Bucht trüben das Wasser hier leider etwas, weshalb sie sich kaum für einen Strandtag eignet. Der angrenzende Palmenhain ist allerdings optimal, um die vielen tropischen Vögel zu beobachten.

› **Let's Go Watersports (Captain Goodlife)** <078> Playa Santa Cruz 1, Tel. +5999 8640438, http://therealcaptaingoodlife.com, Öffnungszeiten und Preise nach Absprache sich auf der Suche nach ein paar kulinarischen Happen sehr nah an die Tische heranwagen.

Wie an vielen Stränden Curaçaos stehen auch am Playa Lagun **Manzaliña-Bäume** (s. S. 45), von deren giftigen Früchten man besser die Finger lässt.

› **Anfahrt:** über Weg naar Santa Cruz, Eintritt frei

67 Landhuis Kenepa ★★★ [A2]

Das Landhuis Kenepa (auch **Landhuis Knip**) hat für Curaçao einen unschätzbaren kulturellen und historischen Wert. Es überwachte einst eine der größten und wichtigsten Plantagen der Insel. Ab dem Ende des 17. Jh. wurden hier vornehmlich Schafwolle und Divi-Divi-Samen produziert. Die Samen waren damals ein wichtiges Produkt; sie enthalten nämlich Gerbstoffe, mit denen sich Stoffe färben lassen. Zeitweise schufteten hier an die 400 Sklaven. Auf dem Gelände wurden dafür über 170 Sklavenhütten und fünf weitere Steinhäuser errichtet. Am 17. August 1795 entzündete sich hier der **größte Sklavenaufstand** in der Geschichte der Insel. Die Sklaven marschierten nach Santa Cruz. Dort schlug die Polizei den Aufstand nieder. Der Anführer Tula, heute eine Nationalheld, wurde verhaftet und zum Tode verurteilt.

Lange war hier das **Museo Tula** untergebracht, das die Sklaverei und Kolonialgeschichte auf der Insel erlebbar machte. Leider ist das Museum aus Budgetgründen **derzeit geschlossen.**

› Landhuis Kenepa z/n

68 Grote Knip ★★★ [A2]

Playa Kenepa, Kenepa Baai, Playa Abou und Kenepa Grandi sind allesamt gängige Namen für **Curaçaos Postkartenstrand** (zur Namensherkunft: s. rechts). Hier präsentiert sich ein wahres Inselparadies. Das Wasser ist so klar und türkisblau wie in einem Swimmingpool. Kein Wunder, dass Grote Knip auf der Beliebtheitsskala ganz oben rangiert – gerade auch bei Einheimischen. Am Wochenende wird der Strand zum Anziehungspunkt für Familien und Freunde. Während der Woche hat man mehr Chancen, einen ruhigen Strandtag zu verbringen und die natürliche Schönheit dieses Juwels zu genießen.

Trotz aller Popularität ist Grote Knip übrigens nicht sonderlich gut ausgestattet. Es gibt zwar eine **Snackbar**, die auch Liegen vermietet, die Öffnungszeiten sind allerdings unvorhersehbar. Am besten bringt man

Grote Knip gilt als Curaçaos berühmteste Bucht

052cu-bw

ausreichend Verpflegung, einen Sonnenschirm und Strandtücher mit. An belebten Tagen kommt nachmittags ein **Eiswagen** vorbei.

Man sollte Grote Knip übrigens nicht mit seinem kleinen Bruder **Klein Knip (Kenepa Chiki)** verwechseln. Die deutlich kleinere, aber nicht weniger charmante Bucht liegt nur einen Katzensprung entfernt, östlich vom Grote Knip. Beide Strände sind durch einen Fußweg miteinander verbunden.

Ohne ein Foto vom Grote Knip kann man Curaçao eigentlich nicht guten Gewissens verlassen. Einen tollen **Ausblick** über die Bucht hat man bereits vom Parkplatz aus. Auch vom Fußweg zwischen Grote und Klein Knip lassen sich tolle Fotos schießen.

› Parkplatz vorhanden, Eintritt frei, Liege: 7,50 NAF, Schirm: 15 NAF

KURZ & KNAPP

Der Kenepa-Baum

Die **Bucht des Grote Knip** 68 – Kenepa Baai – ist nach dem auf Curaçao weitverbreiteten Kenepa-Baum benannt. Er braucht viel Wärme und findet sich auch anderswo in Süd- und Zentralamerika. In der Region hat er so viele Namen, dass man sie nicht alle aufzählen kann. In der Botanik ist er als *Melicoccus bijugatus* bekannt. Der Kenepa-Baum wächst nur sehr langsam, wird aber bis zu 25 m hoch. Zwischen seinen tiefgrünen Blättchen verbergen sich **runde, grüne Früchte** mit einer ledrigen Schale. Sie hängen in Trauben vom Baum herab und sehen aus wie eine Mischung aus Limette und Litschi. Man beißt die Schale auf, isst sie aber nicht mit. Darunter befindet sich lachsfarbenes, saftiges Fruchtfleisch mit einem süß-sauren Geschmack. Der Saft wird direkt aus der Frucht gesaugt. In Mexiko serviert man die Früchte mit Chilipulver, Salz und Limette.

Westpunt

In Westpunt ist Schluss. Hier ist man am **nordwestlichen Ende der Insel** angelangt. Weiter kann man sich vom Trubel Willemstads nicht entfernen, obwohl man hierher weniger als eine Stunde fährt. In mancher deutschen Großstadt ist man länger unterwegs und noch längst nicht im Vorort angekommen.

Genau genommen ist Westpunt ein **beschauliches Fischerdorf.** Zwar gibt es nur wenige Restaurants, darunter aber einige echte Geheimtipps, die die Anfahrt wert sind. Außerdem hat sich die **Playa Piskado** 70 dank der angelockten Schildkröten zum Publikumsmagneten entwickelt. Zum Baden eignet sich allerdings die kleine **Playa Kalki** 71 noch viel mehr. Die Bucht mit dem schmalen Strand ist eigentlich ein beliebter Schnorchelspot, an dem man viele, auch außergewöhnliche Meeresbewohner sehen kann. Leider hat das Riff durch einige Stürme in den letzten Jahren etwas gelitten. Am Badestrand gibt es aber ein Lunch-Restaurant auf einer netten Holzterrasse.

Abgesehen davon dominiert in diesem Teil der Insel die wilde Natur, wie man sie in **Watamula** 72 erlebt. Mutige wagen am **Playa Forti** 69 einen Klippensprung. Wer Abgeschiedenheit und Natur sucht, findet rund um Westpunt eine seltene Ruhe, die nur vom Rascheln der Palmwedel durchbrochen wird. Auch nach Einbruch der Dunkelheit zahlt sich die Abgeschiedenheit aus: Wer gerne den Blick in den Sternenhimmel richtet, ist in Westpunt genau richtig: Wegen der geringen Bebauung gibt es nachts nur wenig Beleuchtung, sodass die Sterne ungestört um die Wette leuchten können.

Rund um Westpunt ist die **Infrastruktur** recht dünn. Gerade Selbstversorger sollten Tagesausflüge gleich mit einem Einkauf verbinden. Außerdem nehmen nicht alle der wenigen Restaurants Kreditkarten. Man braucht im westlichen Teil der Insel häufiger **Bargeld** als in Banda Ariba. Rund um Westpunt gibt es **keine Geldautomaten.** Die nächsten befinden sich in Barber gegenüber der Kirche San Jose bzw. an der **Tankstelle** (Pompstation Barber, s. S. 118).

Essen und Trinken

- **Jaanchie's Restaurant** €€ <079> Westpunt 15, Tel. +5999 8640126, tgl. 12–18 Uhr. Das Jaanchie's ist ein Dinosaurier in der Restaurantszene Curaçaos. Bereits in der dritten Generation serviert man hier alle Klassiker der Kreol-Küche von *mahi-mahi* bis zum Leguan. Sonntags gibt es oft Livemusik. Eine telefonische Reservierung ist ratsam.
- **Kunuku Pachi Colá** € <080> 9RGW+247, Westpunt, Tel. +5999 8644011, Sa. 12–16, So. 12–17 Uhr. Familiengeführtes Gartenrestaurant mit lokaler Krioyo-Küche. Hier gibt es fangfrischen Fisch, Ziegen- oder Hühncheneintopf, Papaya und *funchi.* Alle Speisen werden frisch zubereitet und ohne weiteren Schnickschnack serviert. Von der einfachen Terrasse hat man einen hübschen Blick über die wenigen Dächer Westpunts.
- **Sol Food** € <081> Playa Kalki G 1 A, Weg naar Westpunt, am Restaurant Jaanchie's abbiegen, dann gleich wieder links, Tel. +5999 8640005, Fr.–So. 12–20 Uhr. Das romantische Terrassenrestaurant sprüht vor Herzlichkeit. Die Besitzer, amerikanische Auswanderer, servieren wagenradgroße Pizzen und leckere Tagesgerichte unter bunten Lampions. Unbedingt Platz für den Brownie lassen! Das kleine Restaurant ist schnell ausgebucht. Besser reservieren!

Einkaufen

Wie überall auf der Insel fährt man auch rund um Westpunt häufig an den kleinen **Tokos** vorbei. Die Kioske sind unterschiedlich gut bestückt. Die nächste größere Einkaufsmöglichkeit ist der **Supermarkt Centro MM** (s. S. 78) in Barber.

69 Playa Forti ★ [A1]

Der kleine, steinige Strand wird von Urlaubern aus zwei Gründen angesteuert: Zum einen starten hier interessante **Nachttauchgänge,** die auch für Anfänger gut geeignet sind: Die Orientierung ist recht leicht, da man sich entlang einer Felswand bewegt. Zum anderen lockt hier der **Klippensprung,** die Hauptattraktion.

Direkt am Parkplatz führt ein **kleiner Pfad** hinter dem **Restaurant Forti** zu einer natürlichen Plattform. Von hier aus wagen Mutige den Sprung aus ca. 15 m Höhe ins kristallklare Meer. Allerdings gibt es hier keine Strandwacht; das Klippenspringen erfolgt **auf eigene Gefahr!** Deshalb informiert man sich am besten vorab, ob es sicher ist zu springen und ob man die richtige Stelle gefunden hat.

Wer auf den Adrenalinkick verzichten möchte, setzt sich einfach auf die Terrasse des Restaurants und schaut den Springern bei einer *awa di lamunchi* (s. S. 107) zu. Der **Ausblick** über den Westen der Insel ist fantastisch!

- **Anfahrt:** über Weg naar Westpunt

Essen und Trinken

- **Restaurant Playa Forti** €€–€€€ <082> Kòrsou Sabana, Tel. +5999 8688294, Mi.–Fr. 10.30–18, Sa., So. 10–20 Uhr

⊡ Die Playa Forti ist ein beliebter Spot für wagemutige Klippenspringer

Unterkünfte

› **Marazul Dive Resort** €€€ <083> Marazul 24 A, kurz vor Playa Forti, Tel. +5999 8640544, www.marazuldiveresort.com. Die moderne Selbstverpfleger-Anlage im maritimen Stil liegt direkt am Wasser. Die Ferienhäuser mit Terrasse oder Balkon gibt es in verschiedenen Größen, von komfortablen Studios bis hin zu großzügigen Bungalows mit drei Schlafzimmern. Allerdings können nur die Bewohner der Häuser in der ersten Reihe die traumhaften Sonnenuntergänge genießen.

› **Rancho El Sobrino Resort & Restaurant** €€ <084> Weg naar Knip, kurz vor Playa Forti, Tel. +5999 8888822, www.ranchoelsobrino.com. Das Resort ist eine einfache, aber ordentliche Hotelanlage, die vor allem durch ihr familiäres Flair besticht. Die Gäste baumeln tagsüber in Hängematten am Pool und treffen sich zu einem der organisierten Events wie Barbecue und Livemusik mit Happy Hour. Im angeschlossenen Restaurant werden Hamburger und andere Klassiker zu erschwinglichen Preisen serviert.

70 Playa Piskado ★★★ [A1]

Playa Piskado (auch bekannt als Playa Grandi) ist eine kleine, abgelegene und eigentlich unspektakuläre Bucht, die sich in den letzten Jahren zum beliebten **Schildkröten-Spot** gemausert hat. Eigentlich war dies die Bucht der einheimischen Fischer, daher auch der Name: *Piska* heißt auf Papiamentu „Fisch". Die regelmäßigen Fischabfälle haben sich bei den (normalerweise überwiegend vegetarisch speisenden) Wasserschildkröten herumgesprochen, sodass man hier mit sehr hoher Wahrscheinlichkeit einige Exemplare antrifft. Und das wiederum hat sich bei den Touristen herumgesprochen. Da das Spektakel kostenfrei ist, stößt man an der Playa Piskado während der Saison auf noch mehr **Besucher** als Schildkröten.

Die Tiere sind von einem Steg aus sehr gut zu beobachten. Theoretisch kann man auch zu den Wasserschildkröten ins Wasser springen und sie beim **Schnorcheln** aus nächster Nähe

betrachten. Allerdings merkt man den Tieren durchaus den **Stress** an, den ihnen die Neugier der Menschen bereitet, speziell wenn sie ihnen – oft mit wenig Abstand – hinterherschwimmen oder sie sogar berühren.

Da es sich um eine völlig unreglementierte Attraktion handelt, gibt es nur wenig Parkplätze. Die beste Zeit für einen stressfreien Besuch ist der Vormittag (9–11 Uhr). Meistens gibt es einige Souvenir-Händler am Strand.

Auch, wenn die Playa Piskado – so, wie sie aktuell gehandhabt wird – zu Recht umstritten ist, ist sie allein aufgrund der Wasserschildkröten hier als Dreisterne-Attraktion aufgeführt. Umso wichtiger ist die eindringliche Bitte an alle Besucher, den Lebensraum dieser beeindruckenden Tiere zu respektieren und **auf dem Steg zu bleiben.** Man wird auch von dort aus viel zu sehen bekommen.

⌃ Erlaubt, aber trotzdem nicht ratsam: Schnorcheln mit den Schildkröten am Playa Piskado 70

› Watamula: das „Auge Curaçaos" sieht längst nicht immer so ruhig aus

Tipp: Auf dem Hin- und Rückweg zum Playa Piskado, am Abzweig vom Weg Naar Westpunkt, kommt man an einigen bunt angemalten Bäumen und einem **Wald-Pavillon mit Spielplatz** vorbei. Ein kleiner Fotostopp lohnt sich.

› **Anfahrt:** über Weg naar Westpunt

71 Playa Kalki ★★★ [A1]

Playa Kalki ist der **nördlichste Strand Curaçaos.** Der schmale Abschnitt ist **öffentlich zugänglich.** Die kleine Bucht wird selten richtig voll, allerdings können die Schattenplätze unter den wenigen Sonnenschirmen schnell knapp werden.

Playa Kalki besticht nicht, wie viele andere Strände im Westen, durch feinsten Sand und Karibikflair, sondern durch das **lebendige Korallenriff.** Darum ist die Bucht bei Tauchern und Schnorchlern sehr beliebt. Das Riff ist die Heimat vieler schillernder Fischschwärme. Sogar Skorpionfische kann man hier schon beim Schnorcheln entdecken, auch wenn man sich von den stacheligen Genossen besser fern hält. Die Einheimischen nennen die Bucht wegen ihrer unter Wasser verborgenen Schönheit liebevoll **Alice in Wonderland.** Allerdings hat das Korallenriff unter den Wirbelstürmen in den letzten Jahren gelitten und braucht noch etwas Zeit, um sich zu erholen.

Die ansässige **Tauchschule** startet von hier per Boot zu beliebten Tauchspots wie Watamula 72 und dem Mushroom Forest (s. S. 95). Seit 2020 begrüßt zudem eine **Unterwasser-Chichi** die Taucher am Playa Kalki. Die Künstlerin Serena Janet Israel (s. S. 110) hat sie dort zum Gedenken an ihren verstorbenen Mann installiert. Zum **Schnorcheln** hält man sich am besten links bei den Kalksteinklippen. Geübte Schwimmer können problemlos die Küste entlang bis zum Playa Piskado 70 schnorcheln (ca. 20 Min.). Von dort läuft man einfach auf der Straße zum Playa Kalki zurück. Die beste Zeit für einen Schnorchelausflug ist morgens früh oder nachmittags ab 17 Uhr. Schwimmer kommen über einen kleinen Steg bequem ins Wasser. Ansonsten ist der Strand sehr steinig, weil er hauptsächlich aus Korallenresten besteht. Sensible Fußsohlen freuen sich über Schwimmschuhe.

Liegen kann man anmieten. Am Badestrand gibt es eine Holzterrasse mit Café und einem **Lunch-Restaurant**, das frischen Fisch und diverse Snacks zubereitet.

› **Anfahrt:** Von Willemstad geht es nach Westpunt, in Westpunt folgt man den Schildern Richtung Alice in Wonderland. Oberhalb des Kliffs gibt es einen öffentlichen Parkplatz. Über eine in den Fels geschlagene Treppe erreicht man den Strand. Eintritt frei, Liege: 10 NAF.

› **Cast Away Beach Bar** €€ <085> tgl. 9–18 Uhr

72 Watamula ★★★ [A1]

Watamula ist fast ein **mystischer Ort.** Das Karibische Meer ist hier keineswegs friedlich und zahm, sondern schlägt in hohen, kräftigen Wellen gegen die Klippen. Die Gischt sprüht in meterhohen Fontänen aus dem Blowhole in die Luft. Wenn sich jedoch das Wasser zurückzieht, hört man ein sanftes Rauschen, das sich wie der Atem eines schlafenden Riesen anhört. Der Legende nach ist dies der **Atem von Mama Baranka,** der **Mutter Erde.** Auch die Luftblasen, die in dem großen Loch („Das Auge

055cu-bw

Curaçaos“) mitten im Vulkangestein aufsteigen, sind ein Zeichen für ihren ruhigen Atem. Hier liegt Mutter Erde und schläft seelenruhig, während um sie herum das Meer tobt.

Auch unter Wasser ist Watamula ein außergewöhnlicher Ort. **Taucher** erleben hier einen facettenreichen Korallengarten, in dem es von faszinierenden Fischen und Schildkröten nur so wimmelt. Die Wasserschildkröten kann man zum Teil sogar von den Klippen aus erspähen.

Früher stand hier übrigens eine Mühle, daher auch der Name: *Watamula* ist das Papiamentu-Wort für „**Windmühle**“. Heute ist die Natur hier wieder sich selbst überlassen.

Bei einem Besuch empfiehlt es sich, wachsam zu sein: Die **Abgeschiedenheit** lockt Diebe an. Besser man lässt keine Wertsachen im Auto liegen. Immer häufiger findet man einen selbst ernannten Parkplatzwächter vor. Dieser freut sich über Trinkgeld. Die Klippen sind teils sehr scharfkantig. Für einen Rundgang ist festes Schuhwerk empfehlenswert.

› **Anfahrt:** Von Willemstad geht es nach Westpunt, Watamula ist hier ausgeschildert. Die Straße endet an einem kleinen, provisorischen Parkplatz. Watamula liegt kurz hinter dem großen Stein, der mit der Curaçao-Flagge bemalt ist.

059cu-bw

73 Klein Curaçao ★★★ [M9]

Ein **Tagestrip** nach Klein Curaçao verspricht echtes **Robinson-Feeling.** Die **unbewohnte Insel** liegt etwa 10 km vom östlichsten Punkt Curaçaos entfernt. Ein endloser, blendend weißer Sandstrand, umgeben von türkisblauem, kristallklarem Wasser begrüßt die Tagesausflügler. Klein Curaçao ist ein funkelndes Paradies mitten im Ozean, das keine zwei Quadratkilometer groß ist.

Schnorchler haben hier hervorragende Chancen, Meeresschildkröten aus nächster Nähe zu beobachten. Das lebendige Korallenriff mit seinen vielen Formationen und großen Fischschwärmen ist eine echte Attraktion. Taucher können außerdem einige **Unterwasserhöhlen** erkunden.

Verschiedene **Touranbieter** fahren mehrmals pro Woche nach Klein Curaçao. Los geht es schon sehr früh, meistens gegen sieben Uhr. Die Fahrt auf das pittoreske Eiland dauert etwa 1½–2 Std. Die See kann mitunter rau sein. Wer leicht seekrank wird, sollte sich mit Tabletten versorgen. Dafür begleiten immer mal wieder **Delfine** die Boote und sorgen für viel Abwechslung während der Überfahrt. Die Versorgung an Bord variiert. Normalerweise sind ein Frühstücksbuffet, ein mittägliches Barbecue am Strand und Getränke inklusive. Vegetarier sollten sich vorsorglich vorab nach fleischlosen Alternativen erkundigen.

Zwar ist die Insel tatsächlich unbewohnt, einen vollkommen **einsamen Strand** darf man jedoch **nicht erwarten.** Die Touranbieter fahren zu ähnlichen Zeiten, teilweise mit mehreren Booten, sodass immer fünf bis sechs

057cu-bw

Boote am Strand anlegen. Pro Tour sind etwa 50 bis 80 Teilnehmer an Bord. Hinzu kommen private Jachten, die für einen Tagesausflug auf die Insel kommen. Der Strand ist zwar groß genug und eng wird es nicht, aber man hat die Insel eben auch nicht für sich alleine.

Klein Curaçao bietet so gut wie **keine Schattenplätze.** Die Organisatoren bauen jedoch an ihrem jeweiligen Strandabschnitt Sonnensegel und Schirme auf. Schnorchelausrüstungen und Liegen sind ebenfalls ausreichend vorhanden. Trotzdem sollte man unbedingt **Sonnencreme** und eine **Kopfbedeckung** mitbringen. Ein spezielles Wassershirt zum Schnorcheln (oder zumindest ein T-Shirt) ist ebenfalls empfehlenswert. Die Sonne ist auf Klein Curaçao sehr stark. Wasserschuhe sind zwar nicht zwingend erforderlich, erleichtern jedoch den Einstieg ins Meer.

Den Tag verbringt man mit Schnorcheln, Baden und Relaxen. Auf der Insel gibt es außerdem einige Ruinen und Wracks zu entdecken: Ein **baufälliger Leuchtturm**, der 1877 von einem der seltenen Orkane zerstört wurde, scheint sich mit letzter Kraft der Karibiksonne entgegen zu recken. Wenige hundert Meter entfernt schäumt die Brandung um das **Wrack der Maria Bianca Guidesman.** Der kleine Tanker aus den 1960er-Jahren ist eines von fünf Schiffen, die sich nicht weit genug von der Insel fern hielten und unglücklich strandeten.

Klein Curaçao teilt die dunkle Geschichte der Sklaverei mit der ihrer großen Schwesterinsel: Im 17. Jh. nutzte die niederländische Kolonialmacht die vorgelagerte Insel als **Quarantänestation:** Sklaven mussten

⌃ Ankommen auf Klein Curaçao: Besucher genießen das Panorama

⊲ Einige Wracks fanden im Inselparadies ein steiniges Grab

058cu-bw

hier nach ihrer Ankunft 40 Tage verbringen, viele starben in dieser Zeit. Bei einem Spaziergang kann man die alten **Baracken** (im Nordwesten) und auch einige **Gräber** (im Süden) entdecken. Ein Rundgang um die Insel dauert etwa 1½ Std.

Man mag es heute kaum glauben, aber Klein Curaçao war einst sehr fruchtbar und grün. Dann brachten die Bauern jedoch ihre **Ziegenherden** zum Grasen hierher. Die Insel verlor dadurch all ihre Vegetation und wurde praktisch zur Steppe. Außerdem war Klein Curaçao ein wichtiger **Brutplatz** für Seevögel, die viel phosphathaltiges **Guano** ausschieden. In den späten 1800er-Jahren baute man das Guano im großen Stil ab, um daraus Dünger zu produzieren. Danach

Die Leuchtturm-Ruine darf man nur von außen bewundern

war Klein Curaçao zu einer öden und unwirtlichen Geisterinsel geworden. Auch die Vogelpopulation dezimierte sich.

1888 entdeckten ausgerechnet die Deutschen das verlassene Fleckchen für sich. Hier sollte eine **Schiffswerft** entstehen; die Niederländer hatten nichts dagegen. Allerdings verwüstete ein Tropensturm auch die neugebaute Anlegestelle. Das Geld für einen Wiederaufbau fehlte, sodass das Vorhaben nie zu Ende geführt wurde.

Abgesehen von den Urlaubern kommen heute vor allem **Kitesurfer** regelmäßig hierher. Neben dem herrlichen Panorama lieben sie das winzige Eiland wegen der stabilen Windbedingungen. Hinzu kommt, dass das Wasser sehr flach ist. Allerdings gibt es auf Klein Curaçao keine Kitesurfschule, geschweige denn einen Verleih. Der Ausflug kann jedoch von Curaçao aus von einer Kiteschule organisiert werden (s. S. 97). Geübte Kiter mit eigenem Equipment müssen sich für die Überfahrt ein Boot chartern. Das Boot ist außerdem nötig, weil auf Klein Curaçao stets ablandiger Wind herrscht.

An Ausflugstagen sind meist viele Schwimmer im Wasser. Dann kann es für die Kitesurfer mitunter etwas eng werden.

› **Irie Tours** (s. S. 98), tgl. Überfahrt mit dem Katamaran, auf dem Rückweg wird gesegelt, Erw. 120 US$, erm. 60 US$
› **Mermaid Boat Trips** <086> Fishermen's Pier, über Caracasbaaiweg, Tel. +5999 5601530, www.mermaidboattrips.com, Überfahrt Mo.–Mi., Fr., So. gegen 6.45 Uhr, Erw. 130 US$, Kinder 4–12 J. 65 US$
› **Miss Ann Boat Trips** (s. S. 99), Überfahrt Di.–Fr. u. So., 130 US$, Kinder 4–12 J. 65 US$. Ein Masseur ist mit an Bord.

CURAÇAO AKTIV

066cu-bw

060cu-bw

Baden

Man sagt, die Strände Curaçaos seien das bestgehütete Geheimnis der Karibik. Insgesamt gibt es etwa **40 Badebuchten**, von denen sich die überwiegende Mehrheit entlang der ruhigen Südküste befindet. Hier ist die Karibik freundlich, kristallklar und traumhaft schön. Sonnenanbeter, Wasserratten und Romantiker werden an Curaçaos Stränden ihr Glück finden.

Die **Wassertemperatur** liegt ganzjährig zwischen 26 °C und 28 °C. Nahezu alle Strände haben sehr **feinen, weißen Sand** und sind mit Palmen gesäumt. Da das die Insel umgebende Korallenriff häufig nah am Ufer liegt, sind einige Strände etwas felsiger. An vielen Stellen gibt es **Holzstege** und Treppen, die den Einstieg ins Wasser erleichtern. Die Buchten sind jedoch meist sehr klein. Langgezogene Strände, an denen man endlos spazieren kann, gibt es auf Curaçao nicht. Das Wasser ist fast überall sehr **flach und ungefährlich.** Strömungen gibt es kaum. Quallen sind selten und abgesehen von harmlosen Riffhaien sind Haie hier nicht anzutreffen. Stattdessen wimmelt das Meer von schillernden Fischen, herrlichen Korallen und eher lustigen Gesellen wie Seepferdchen und Schildkröten.

Im **Osten** der Insel liegen die **Touristenstrände.** Teilweise ist der Sand hier künstlich aufgeschüttet worden, beispielsweise in der Jan Thiel Bay 36 oder am Mambo Beach 31. Dafür gibt es viel Unterhaltung: Restaurants, Strandpartys und Wassersportangebote.

Je weiter man nach **Westen** kommt, desto ruhiger werden die Buchten. Zum großen Teil sind die Strände auch hier mit Annehmlichkeiten wie Duschen, Toiletten und Sonnenliegen ausgestattet, beispielsweise am Cas Abao 59 oder am Playa Porto Mari 58. Eine Tauchschule und eine Strandbar gehören fast überall zum Repertoire. Sehr beliebt und an fast allen Stränden vorhanden sind **Palapas**, kleine Palmwedeldächer mit Picknick-Tisch.

An Curaçaos Traumbuchten wird jeder zur Wasserratte

Vorseite: Die Insel bietet ideales Terrain für Taucher

An den **Privatstränden** der Insel wird eine Gebühr zwischen 5 und 10 NAF pro Person erhoben. Auch für **Liegen und Schirme** zahlt man extra. Es gibt jedoch genügend öffentliche Strände, an denen man vollkommen kostenlos das türkisblaue Meer genießen kann.

Gerade am **Wochenende** zieht es auch die **Curaçaoner** an den Strand – und zwar gern in größerer Gesellschaft: Familien, Freunde und Kollegen treffen sich schon morgens am Strand und verbringen hier den ganzen Tag. Es wird gegrillt und viel gelacht. Für einen unbeschwerten Tag an Curaçaos Traumstränden macht man es den Einheimischen einfach nach.

Kleiderregeln und FKK

Nackt- und „Oben ohne"-Baden ist auf der Insel **gesetzlich verboten.** Dennoch wird zumindest ein blanker Busen an wenigen Stränden wie der Jan Thiel Bay 36 oder dem Mambo Beach 31 toleriert. Gern gesehen ist es jedoch nicht. **The Natural Curaçao** in der Nähe von Sint Willibrordus 52 ist das einzige Resort, in dem das Motto „clothing optional" gilt: Hier kann man wählen, ob man bekleidet oder unbekleidet am Pool liegt. Tagesgäste können die Ferienanlage für 10 NAF nutzen.

› **The Natural Curaçao** <087>
Kaminda San Sebastian 11 B,
Tel. +5999 8682181 u. 6966369,
www.thenaturalcuracao.com

Wassersport

Tauchen und Schnorcheln

In Curaçaos bildhübschen Buchten verbirgt sich eine atemberaubende Unterwasserwelt, die sich Tauchern und Schnorchlern ganz unkompliziert offenbart. Die **gesamte Karibikinsel** ist nämlich von einem **lebendigen Korallenriff** umgeben. Die etwa 60 km lange Riffkante liegt sehr nah am Ufer, sodass man nur wenige Meter hinausschwimmen muss, um das muntere Unterwassertreiben zu erleben. Die wenigsten **Tauchspots** müssen per Boot angesteuert werden. Man steigt einfach am Strand ins Wasser und lässt sich in das Blau herabsinken. Leider erreichten Ausläufer von **Hurrikan Matthew** im Herbst

061cu-ctb©www.curacao.com

› *Das Tugboat (s. S. 96) ist ein beliebter Spot für Taucher und Schnorchler*

Strand	Freier Eintritt	Strandbar
Blue Bay Beach 46		X
Caracasbaai 38	X	X
Cas Abao 59		X
Coral Estate (Karakter Curaçao) 56	Verzehr erwünscht	X
Daaibooibaai 57	X	X
Grote Knip 68	X	X
Jan Thiel Bay 36		X
Kokomo Beach 50		X
Piscadera Bay 28		X
Playa Canoa 44	X	
Playa Forti 69	X	X
Playa Kalki 71	X	
Playa Lagun 66	X	X
Playa Porto Mari 58		X
Santa Martha Bay 60	X	
Mambo Beach 31		X
Sint Jorisbaai 41	X	

2016 auch Curaçao. Das Korallenriff hat an einigen Stellen sichtbaren Schaden davongetragen. Die Natur erholt sich nur langsam.

Die **Artenvielfalt des Karibischen Meeres** ist einzigartig: Barrakudas, Flötenfische und Zackenbarsche sind hier zu Hause, genauso wie Ammenhaie, Engelfische, Trompetenfische und Moränen. Wasserschildkröten und Rochen lassen sich ebenfalls bewundern. Für den Erhalt dieser natürlichen Schönheit setzt sich die Organisation **CARMABI (Caribbean Research and Management of Biodiversity)** ein, ein gemeinnütziges Forschungszentrum für Meeresbiologie mit Sitz in der Piscadera Bay 28.

Curaçaos Gewässer sind das ganze Jahr über sehr ruhig und vorhersehbar. Die **Sicht** ist mit bis zu 50 m hervorragend, sodass auch **Anfänger** gut zurecht kommen. Trotzdem wartet die Insel auch mit einigen anspruchsvollen Tauchorten für **Fortgeschrittene** auf, darunter Wracks und Unterwasserhöhlen. Anerkannte Tauchmagazine und internationale Organisationen wählen Curaçaos Tauchgebiete immer wieder unter die besten der Welt.

Tauchschulen sind auf der ganzen Insel verteilt und haben sehr gute Standards. Erfahrene Taucher können sich komplette Ausrüstungen für den Tag ausleihen (40–60 US$) und an den Strand ihrer Wahl mitnehmen. Natürlich werden auch Tauchgänge zu beliebten Zielen angeboten.

Die zehn besten Tauchspots

- **The Valley** [C5]: Das Doppelriff in der beliebten Bucht Playa Porto Mari 58 beherbergt viele Fische, darunter solche, die man andernorts kaum zu sehen bekommt wie den Ammenhai. Zwischen den beiden Riffhängen liegt ein sandiges Tal, daher der Spitzname The Valley. Etwa 100 m vom Strand entfernt ist eine Boje vertäut. Von hier aus kann man den Tauchgang gut starten. Das nächste Riff liegt in etwa 15 m Tiefe. Wasserschildkröten, Hummer, Adler- und Stachelrochen sind keine Seltenheit.
- **Alice in Wonderland** [A1]: Die Bucht von Playa Kalki 71 ganz im Westen der Insel

Tauchschule	Toiletten	Sonnenliegen	WLAN
X	X	X	X
X	X	X	
X	X	X	X
	X	X	X
X	X	X	X
X	X	X	X
X	X	X	X
X	X	X	
X	X		
X	X	X	
X	X	X	X

trägt den klangvollen Beinamen Alice in Wonderland. Das Riff hat allerdings unter den Wirbelstürmen in den letzten Jahren gelitten und ist nicht mehr so schillernd wie einst. Von der Riffkante aus taucht man am besten Richtung Süden. Aber Vorsicht: Hier gibt es starke Strömungen! Nichtsdestotrotz ist der Spot sehr beliebt. Man trifft unterwegs häufig andere Taucher.

› **Mushroom Forest** [A3]: Der „Pilzwald" verdankt seinen Namen einer Kolonie an Sternkorallen, die pilzartig aus dem abfallenden Riff herauswachsen. Zwischen den bis zu 3 m großen Gewächsen verstecken sich viele urige Meeresbewohner wie Kofferfische, Igelfische und Hummer. Der Mushroom Forest zählt zu den zehn besten Tauchrevieren der Karibik und den hundert besten der Welt. Am leichtesten erreicht man den Mushroom Forest per Boot. Alle Tauchschulen bieten regelmäßige Ausflüge an (ca. 150 US$).

› **Blue Room** [A3]: Der Blue Room liegt in unmittelbarer Nähe zum Mushroom Forest; daher wird häufig eine Kombitour angeboten. Die strahlend blaue Höhle ist für Taucher wie Schnorchler interessant. Den Zugang erreicht man per Boot. Je nachdem, wie hoch das Wasser steht, müssen Schnorchler kurz hineintauchen, oft kann man jedoch bequem in die Höhle schwimmen. Obwohl das Wasser recht tief ist, ist die Sicht sehr gut. Das intensive, mystische Blau zieht selbst verwöhnte Wassersportler in seinen Bann.

› **Vaersenbaai** [D6]: Das türkisblaue Wasser vor der kleinen Bucht am Kokomo Beach 50 hat eine farbenprächtige Unterwasserwelt zu bieten. Aber noch viel mehr: In einer Tiefe von etwa 25–40 m liegen einige Autowracks. Der Tauchgang ist eher für geübte Taucher geeignet.

› **Snake Bay** [E6]: Dieses Tauchgebiet erreicht man vom Strand in Boca Sami 47 aus. Der Name ist irreführend, denn es gibt hier keine Schlangen, höchstens Aale. Dafür allerdings trifft man auf so viele verschiedene Fischarten, dass man mit einem Tauchgang seine ganze Wunschliste abhaken kann. Sogar Delfine und Wasserschildkröten kommen in die Bucht. Die Tiefe beträgt bis zu 20 m. Das Gewässer ist für Taucher aller Erfahrungsstufen geeignet.

› **Tugboat** [H8]: Das Tugboat ist ein Schlepper, der vor circa 25 Jahren in der Caracasbaai 38 gesunken ist. Das Wrack liegt etwa 6 m tief und ist am besten mit dem Boot zu erreichen. Zwar gelangen geübte Schwimmer auch von der Küste aus dorthin, wegen der starken Strömung ist das Boot aber die sichere Alternative. Das Tugboat wird regelmäßig von Ausflugsbooten angesteuert. Sie bringen Futter mit, sodass die Fische hier sehr zahm sind. Südöstlich des Wracks fällt die Riffkante etwa 30 m ab. Das Riff ist hier mit harten und weichen Korallen bewachsen. In den vielen Spalten und kleinen Höhlen verstecken sich Moränen, Skorpionfische und Hummer.

› **Superior Producer** [F7]: Das etwa 200 m lange Boot, eines der besten Wracks der Karibik und einer der beliebtesten Tauchspots in Curaçao, befindet sich in Willemstads Stadtteil Otrabanda direkt am Mega Pier. Es liegt in 30 m Tiefe. Am Bug des aufrecht stehenden Wracks kann man in das Innere hineintauchen und über die Brücke wieder hinaus. Das umliegende Riff ist ebenfalls sehenswert. Man kommt Barrakudas sehr nah, stößt auf seltene Seeanemonen und farbenprächtige Korallen. Da sowohl der Einstieg als auch der Seegang hier nicht ganz einfach sind, sollten diesen Tauchgang nur erfahrene Taucher unternehmen und das am besten in Begleitung eines kundigen Guides. Wenn Kreuzfahrtschiffe im Hafen liegen, darf der Tauchspot nicht genutzt werden.

› **Airplane Wreck** [B3]: Vor der Santa Martha Bay 60 liegt ein Sportflugzeug auf dem Meeresgrund. Eine Boje zur Markierung ist leider nicht mehr vorhanden. Trotzdem ist die Stelle vom Strand aus leicht zu erreichen. Man muss lediglich etwa 3 Min. auf das Wasser hinausschwimmen. Das Flugzeug ist mit Korallen, Schwämmen und Seeanemonen bewachsen: eine ideale Kulisse für stimmungsvolle Unterwasserfotos. Zugang und Strömung sind leicht, sodass hier auch Anfänger auf ihre Kosten kommen sollten.

› **Barracuda Point (Punt'i Piku)** [H8]: Ganz im Osten, gegenüber vom Santa Barbara Beach am Spanish Water 37, liegt Barracuda Point. Wie der Name schon verrät, leben hier große Barrakudas, die den Tauchern gerne hinterherschwimmen. Das Riff ist sehr abwechslungsreich und voller maritimer Überraschungen. Ab und an lassen sich Wasserschildkröten sichten. In einer Tiefe von bis zu 26 m fühlen sich hier vor allem fortgeschrittene Anfänger wohl.

Windsurfen und Wellenreiten

Curaçao bietet **perfekte Bedingungen** fürs Windsurfing: steter Wind, klarer Himmel – und dank des warmen Wassers braucht man noch nicht einmal einen Neoprenanzug. Die meisten Windsurfer tummeln sich in Spanish Water 37. Hier hat auch **Windsurfing Curaçao** seinen Sitz. Anfängerkurse sind ebenso im Programm wie spezielle Angebote für Kinder; erfahrene Windsurfer können sich auch einfach die Ausrüstung ausleihen.

Zum **Wellenreiten** hingegen eignen sich die spiegelglatten Buchten der Karibikinsel kaum. Einzige Ausnahme ist der **Playa Canoa** 44 an der Nordküste. Hier trifft sich die kleine Surferszene Curaçaos.

› **Windsurfing Curaçao** <088> Caracasbaaiweg, Spanish Water, Tel. +5999 7380883, www.windsurfingcuracao.com, tgl. 10–18 Uhr, Schnupperstunde 49–63 US$, 4-std. Crash-Kurs ab 165 US$, Ausleihe ab 26 US$/Std.

Kitesurfen

Beim Kitesurfen oder Kiteboarden steht man auf einem Surfbrett und lässt sich von einem **Flugdrachen** über das Wasser ziehen. Je nach Windstärke können dabei hohe Geschwindigkeiten erreicht werden. In der **Sint Jorisbaai** 41 im Nordosten Curaçaos trifft sich eine eingeschworene Kitesurfing-Szene. Eine Kitesurfschule ist ebenfalls ansässig. Für geübte Kiter lohnt sich ein Ausflug auf die benachbarte Insel **Klein Curaçao** 73.

› **NIX Kite School** <089> Sint Jorisbaai, hinter der Curaçao Ostrich Farm, Tel. +5999 6652562, WhatsApp: +5999 6652562, www.nixkitecuracao.com, Verleih 85 US$, dreitägiger Anfängerkurs inkl. Ausrüstung 480 US$, Privatstunde inkl. Ausrüstung 170 US$

063cu-bw

Auf dem ruhigen Wasser kommen auch Paddelanfänger gut zurecht

Stehpaddeln (SUP) und Kajak

Das **Stehpaddeln (Stand Up Paddling, kurz SUP)** ist eine relativ neue Wassersportart, die auf Hawaii entstanden ist. Sie gilt als effektives Ganzkörpertraining auf dem Wasser und ist recht leicht zu erlernen. Die Ausrüstung kann man sich zum Beispiel bei **SUP Curaçao** am **Spanish Water** 37 ausleihen.

Wer lieber auf die klassische Art von Strand zu Strand paddelt, kann dies natürlich auch im Kajak tun. Adventure Tours bietet **geführ-**

Spanish Water 37 ist der Treffpunkt für Windsurfer

062cu-bw

te **Kajaktouren** an, bei denen man abwechslungsreiche Schnorchelstopps einlegt. Abgesehen von den großen Wassersportanbietern werden Kajaks und SUPs an den großen Stränden auch von den dort ansässigen **Tauchschulen** verliehen (zum Beispiel am Cas Abao 59 oder am Mambo Beach 31). Curaçaos Buchten sind so ruhig, dass auch Anfänger bei einem Paddeltripp gut zurechtkommen.

› **Adventure Tours** <090> Caracasbaaiweg, ca. 200 m hinter dem Kreisverkehr, Spanish Water, Tel. +5999 5132484, www.adventuretourscuracao.com, Einzelkajak ab 28 US$/Std.
› **SUP Curaçao bei Windsurfing Curaçao** (s. S. 96), www.supcuracao.com, einstündige SUP-Tour ab 55 US$

Segeln

Das Karibische Meer ist perfekt für einen Segeltag. Es weht stets eine angenehme Brise, das Wasser ist ruhig, die Wellen sind sanft. Es gibt eigentlich nichts besseres, als die versteckten Buchten der Antilleninsel per Boot zu entdecken. **Boote mit erfahrenen Skippern** bringen die Gäste sicher zu den besten Stränden und Schnorchelspots. Die 14 Meter lange Segeljacht von **Maxi Sailing Curaçao** kann man beispielsweise auch privat für einen ganzen Tag buchen. **Irie Tours** bietet Segelausflüge mit zwei Katamaranen.

› **Irie Tours** <091> Mambo Beach Boulevard, Tel. +5999 7679998 oder +5999 5295325, www.irietours.com
› **Maxie Sailing Curaçao** <092> Seru Boca Marina, Santa Barbara, Tel. +5999 6914947, www.maxiesailing.com

Auf Curaçao haben Segler Rückenwind

Dem Jagdvogel Warawara begegnen Wanderer häufig

Hochseeangeln und Sportfischen

Eine spannende Abwechslung zum klassischen Strandtag bilden Angeltouren. Mit Jachten oder Angelbooten geht es raus aufs Karibische Meer. Hier hat man die Chance, einen richtig großen Fang zu landen: Doraden, Barrakudas, Thunfische oder *mahi-mahi* (Goldmakrelen) beißen selbst bei Anfängern an. Das Hochseeangeln wird als **Halbtages- oder Tagestour** angeboten. Die Preise liegen bei etwa 700–1000 US$ inkl. Ausrüstung und Verpflegung.

› **Captain Boots** <093> Kima Kalki Marina, Brakkeput Ariba 62, Spanish Water, Tel. +5999 5132747, www.captainboots.com
› **Fish Curaçao** <094> Spanish Water, Tel. +5999 5118671 oder +5999 7371713, www.fishcuracao.com, Hotelabholung möglich
› **Miss Ann Boat Trips** <095> Santa Barbara Beach, www.missannboattrips.com, Tel. +5999 7671579 oder +5999 5601367

Wandern und Klettern

Curaçao wirkt auf den ersten Blick nicht wie ein Wanderziel. Die Sonne sorgt an den meisten Tagen für eine eher schweißtreibende Erfahrung. Allerdings kann eine kurze Wanderung **in den frühen Morgenstunden** oder **am Abend**, wenn es nicht mehr so warm ist, sehr angenehm sein. Saisonbedingt wirkt die Inselnatur immer anders: Mal grünt und blüht es, mal ist der Boden nach einem Regenguss nass und matschig. Dann wieder wandert man durch trockene Steppe.

Dennoch gibt es sehr idyllische und vielseitige Wandermöglichkeiten. Wer alleine eine Wanderung unternehmen möchte, tut dies am besten in den Nationalparks. Der **Christoffelpark** 63, der **Shete Boka National Park** 64, der **Den Dunki National Park** (s. S. 51) und das Naturschutzgebiet **Hòfi Pastor** 62 sind sichere Umgebungen mit markierten Pfaden. Auch eine Wanderung durch

065cu-bw

die Jan-Thiel-Salinen 35 bietet sich an, speziell zum Sonnenuntergang. Wer gerne am Abend wandert, sollte sich die Vollmondwanderung von Rock Climbing Curaçao nicht entgehen lassen.

Auf der ehemaligen Plantage hinter dem Strand **Playa Porto Mari** 58 kann man drei kurze Wanderungen auf ausgeschilderten Wegen unternehmen: Der **Seru Matteo Trail** dauert etwa eine halbe Stunde und führt auf die kleine Erhebung Matthew's Hill. Vogelkundler wählen den anderthalbstündigen **Bird Watch Trail:** Hier gibt es grüne Kolibris, Warawaras, kleine Falken und den gelben Trupial zu bestaunen. Der **History Trail** dauert etwa drei Stunden und führt an einigen Ruinen vorbei. Hier läuft man exakt die Route, die die Sklaven früher vom Haus zum Lager nehmen mussten.

Außerhalb der Nationalparks ist es besser, in einer **Gruppe** zu wandern, möglichst mit einem **Wanderführer.** Die Strecken sind oft sehr isoliert und führen durch unbewohntes Gebiet. Abgesehen davon, dass man trotz aller Vorkehrungen und Karten leicht die Orientierung verliert, kann es auch zu Überfällen kommen.

Lebenswichtige **Grundausrüstung** für jeden Ausflug in die Natur sind ausreichend Wasser, eine Kopfbedeckung, Sonnencreme und festes Schuhwerk.

Neben Wandertouren bietet Rock Climbing Curaçao auch eine Vielzahl an **Kletterkursen und -ausflügen** für jedes Niveau vom Anfänger bis zum Experten an. Geklettert wird entweder an der Nordseite des Tafelbergs, im Areal der Fort Beekenburg 39, im Roi Rincon Park oder in Piscadera. Für Ausrüstung und Sicherheitssysteme ist gesorgt. Anfänger erhalten vor dem Klettern eine Einführung.

› **John Dohmen,** Tel. +5999 5207309, https://curacaohiking.com, Treffpunkte werden individuell abgesprochen, Kosten: 10 US$ pro Person.

› **Rock Climbing Curaçao (RCC)** <096> Santa Barbara Plantation, https://rockclimbingcuracao.com, Tel. +5999 6643134, Mi.–So. 7–12 Uhr, Vollmondwanderung 20 US$, Klettertour ab 65 US$

Golfen

Curaçaos angenehmes Klima und die abwechslungsreiche Landschaft laden zu einem entspannten Golftag ein. Bei einer teils steifen Meeresbrise genießt man von den Golfplätzen aus tolle Panoramablicke auf die Küste und die Natur der Insel. Curaçao bietet **zwei Golfplätze von Weltklasse:**

Angeschlossen an das Sandals Royal Hotel im Osten Curaçaos liegt der **Old Quarry Golf Course.** Der 18-Loch-Platz wurde von dem Designer Pete Dye entworfen. Er schmiegt sich behutsam an die umliegende Natur und liegt direkt am Meer. Daher kann der Seitenwind auf diesem Platz zur Herausforderung werden. Zum **Blue Bay Resort** gehört der gleichnamige Golfplatz bei Boca Sami 47, westlich von Willemstad. William „Rocky" Rocquemore entwarf diesen Golfplatz mit ebenfalls 18 Löchern. Dabei wurden die natürlichen Gegebenheiten harmonisch integriert. Man spielt über Höhenunterschiede, Felsen und Sand. Am fünften Loch muss man sogar über die Karibik hinwegschlagen. Nicht selten kreuzen Leguane den Weg.

Beide Plätze sind 72-Par-Kurse und für Anfänger wie Fortgeschrittene geeignet. Bei einer Runde legt man rund

6 km zurück. Trotz des trockenen Klimas sind die Greens normalerweise in sehr gutem Zustand. Beide Golfplätze richten mehrmals im Jahr **Turniere** aus (aktuelle Termine auf der jeweiligen Website).

- **Blue Bay Golf & Beach Resort** <097> Boca Sami, Tel. +5999 8681755, www.bluebay-curacao.com/activities/golf, 9 Loch 90 US$, 18 Loch 135 US$
- **Old Quarry Golf Course** <098> Santa Barbara Plantation, Nieuwpoort, Tel. +5999 8406886, www.oldquarrygolfcuracao.com, ab 100 US$

Curaçao ist ein vielseitiges Eldorado für Radsportbegeisterte

Rad und Mountainbike

Der Radsport hat auf Curaçao viele Anhänger. Bis 2015 fand jährlich das **Amstel Curaçao Race** statt. Jedes Jahr wurden Spitzenfahrer auf die Insel eingeladen; europäische Radprofis nutzten das Rennen als entspannten Saisonausklang. Im Hinblick auf den vollen internationalen Rennkalender wurde das Amstel Curaçao Race jedoch nach 13 Jahren eingestellt.

Nichtsdestotrotz sind die **Bedingungen für Radfahrer** auf der Karibikinsel gut. Die Straßen sind sicher und in gutem Zustand. Außerhalb Willemstads gibt es wenig Verkehr. Viele Radstrecken sind gut angelegt und eben. Im Westen gibt es jedoch auch herausforderndere Touren, bei denen es ordentlich auf und ab geht.

Sehr populär ist auch das **Mountainbiking.** Im Jahr 2006 fand auf der Karibikinsel sogar die Mountainbike-Weltmeisterschaft statt. Dafür hat man in der Jan Thiel Bay 36 extra eine Route angelegt, die mittlerweile eine der beliebtesten Mountainbike-Strecken der Insel ist. Man muss jedoch kein Weltmeister sein, um Curaçao auf dem Mountainbike zu erkunden. Es gibt Pfade für jedes Niveau. Allerdings sind die besten Routen nicht ganz leicht zu finden. Unerfahrene Biker fahren daher mit einer **organisierten Tour** besser. Die Touranbieter stellen das gesamte Equipment inklusive Kartenmaterial zur Verfügung. Bei den Tages- oder Halbtagesausflügen wird unterwegs eine kleine Stärkung gereicht. Außerdem sind die Strecken so ausgelegt, dass es meist noch etwas zu sehen gibt, eine Höhle oder einen besonderen Aussichtspunkt etwa.

Die Westpunt Riders, ein lokaler Mountainbike-Verein, haben im **Westen der Insel** einige interessante Strecken rund um das Naturschauspiel Watamula 72 und den Shete Boka National Park 64 angelegt. Die Routen können erfahrene Biker alleine bewältigen.

Beliebte Radstrecken

- **Boca Sami Malpais:** In Boca Sami 47, direkt hinter der Tauchschule, startet eine interessante Route durch eine kleine Salzebene, quer durch den Malpais-Naturpark mit dem Lago Disparse, dem „verschollenen See".
- **Christoffelpark 63:** Der Nationalpark im Westen der Insel hält für erfahrene Mountainbiker einige anspruchsvolle Abschnitte parat. Kartenmaterial für verschiedene Routen gibt es im Parkzentrum. Räder müssen mitgebracht werden.
- **Jan Thiel Bay 36:** Die ehemalige Weltmeisterschaftsroute beginnt an dem Sporthotel Lions Dive & Beach im Südosten der Insel. Die Rundfahrt führt zunächst entlang der Küste, später vorbei an dem alten Landhuis Jan Thiel und dem Fort Beekenburg 39.
- **Sint Joris:** Rund um die St. Jorisbaai 41 gibt es verschiedene Mountainbike-Pfade. Dank der großen Auswahl ist das Gebiet für jedes Niveau geeignet. Eine schöne Tour beginnt an den Mangroven und führt am Ufer der Bucht entlang zur Höhe Koraal Tabak.

Anbieter

- **Outdoor Sports Curaçao**, www.outdoorsportscuracao.com, Tel. +5999 5140868, Treffpunkte für Touren werden individuell vereinbart
- **WannaBike** <099> Caracasbaaiweg 231, Jan Thiel, Tel. +5999 5273720, www.wannabike.com, Touren ab 65 US$

Reiten

Curaçaos Natur lässt sich auf dem Rücken eines Pferdes wunderbar erleben. Egal, ob früh morgens am Strand oder zum Sonnenuntergang auf einem Hügel: Bei einem Reitausflug lernt man die Insel von einer ganz anderen Seite kennen.

Die Reitställe bieten **geführte Ausritte** für Gruppen oder Einzelpersonen an. Dank kundiger Guides reitet man fast ausschließlich auf wenig ausgetretenen Pfaden durch das Gelände. Anfänger wie Fortgeschrittene sind willkommen.

- **Criadero Babetti** <100> West Chincho Grandi 24, Tel. +5999 5126113, www.criaderobabetti.com, tgl. 8–18 Uhr
- **Rancho Alegre 49**, Ausritt: Mo.–Sa. 8 oder 16.30 Uhr, 75 NAF p. P.

011cu-ctb©www.curacao.com

Feste und Folklore

Das Feiern liegt den Curaçaonern. Feste werden regelmäßig und ausgiebig zelebriert. Heute vermischen sich dabei folkloristische Veranstaltungen mit niederländischen Feiertagen. Wichtig werden auch zunehmend internationale Musik- und Kulturereignisse, die sich mehr und mehr als Publikumsmagnete entpuppen.

- **Fuik Dag** (1. So. im Jan.): Fuik Dag ist ein Wasserfest. Am ersten Sonntag des Jahres kommen alle Bootsbesitzer in die ganz im Osten gelegene Fuik Baai [H8], um den Tag mit Freunden und Familie auf dem Wasser zu verbringen. Viele Teilnehmer paddeln auf Luftmatratzen und Schwimmringen umher. Man wünscht sich ein frohes neues Jahr und genießt den Tag bei Musik, Essen und Trinken.
- **Tumba Festival** (Jan./Febr.): Zum Auftakt der Karnevalssaison findet jährlich das Tumba Festival statt, eines der größten Musikfestivals der Insel. In einem Wettbewerb wird der Tumba-König oder die Tumba-Königin ausgelobt. Rund um das Tumba Festival gibt es Paraden, Konzerte und Partys. Viele Menschen kostümieren sich aufwendig.
- **Karneval** (Febr./März): Das größte und berühmteste Fest auf Curaçao ist natürlich der *Carnival*. Das Karnevalsfieber erfasst die ganze Insel für zwei Monate. In farbenfrohen Kostümen wird an Stränden und auf der Straße, in Cafés und Clubs über Tage hinweg gefeiert. Höhepunkt ist die Parade *Gran Marcha* am Karnevalssonntag. Sie startet bereits am frühen Morgen und dauert bis in die Abenddämmerung hinein. Ähnlich wie beim rheinischen Karneval endet das Fest mit einem Trauermarsch und der Verbrennung einer Strohpuppe, des *Rei Momo*. Das aktuelle Programm gibt es im Internet: www.curacaocarnival.info.
- **Curaçao Blue Seas Festival** (April): Das kostenlose Straßenfestival findet bereits seit 2015 im historischen Stadtteil Pietermaai 21 statt. Unter freiem Himmel geben internationale Blues-Bands auf mehreren Bühnen Konzerte, während die umliegenden Bars und Restaurants für kulinarische Genüsse sorgen. Die Stimmung in den Straßen ist fantastisch. Infos unter www.curacaoblueseasfestival.com.
- **Erntefest Seú** (Ostermontag, März/April): Das Seú-Fest ist nach dem Karneval die größte Kulturparade der Insel. Trachtengruppen ziehen singend und musizierend durch die Altstadt von Willemstad. Ursprung sind die Feste zur Saat, die zur Kolonialzeit zum Ende der Regenzeit zelebriert wurden.
- **Westpunt Triathlon** (Mai): Bei dem Wettbewerb müssen die Teilnehmer 1,9 km schwimmen, 90 km radfahren und 21,5 km laufen, bevor sie das Ziel erreichen. Mehr Informationen unter www.tri-curacao.com.
- **Curaçao Pride** (Juni): Das mehrtägige Event für Toleranz wartet mit einem umfangreichen Programm auf. Es gibt eine Parade im Rif Fort 13 und Partys in Clubs und Hotels, teils sogar auf Booten. Mehr Infos liefert www.curacaopride.com.

◁ *Vorseite: In ruhigen Gegenden wie Boca Sami 47 kraxeln Ziegen umher*

Offizielle Feiertage

- **Neujahr:** 1. Januar
- **Rosenmontag:** Februar/März
- **Karfreitag:** März/April
- **Ostermontag/Erntefest Séu:** März/April
- **Königstag:** 27. April
- **Tag der Arbeit:** 1. Mai
- **Christi Himmelfahrt:** Mai
- **Flaggentag (Dia di Bandera):** 2. Juli
- **Unabhängigkeitstag:** 10. Oktober
- **Weihnachten:** 25. und 26. Dezember

› **Gedenken an den Sklavenaufstand** (17. Aug.): Der größte Sklavenaufstand in der Geschichte der Karibikinsel fand am 17. August 1795 statt. Der Gedenktag wird mit musikalischen und kulturellen Veranstaltungen in der einstigen Plantage rund um das Landhuis Kenepa 67 begangen.

› **Kaya Kaya Festival** (Sept.): Das Kaya Kaya Festival ist ein großes, buntes und fröhliches Nachbarschaftsfest, zu dem die ganze Insel eingeladen ist. Die Anwohner Otrabandas verwandeln gemeinsam den gesamten Stadtteil in einen Schmelztiegel aus Musik, Tanz, Straßenkunst und gutem Essen. Der Eintritt ist kostenlos.

› **Ankunft von Sinterklaas** (Nov./Dez.): Der Nikolaus reist in der Karibik nicht auf dem Schlitten, sondern kommt ortsüblich mit dem Segelschiff. *Sinterklaas,* wie er hier auf Niederländisch heißt, bringt Geschenke für die braven Kinder; die Unartigen nimmt er zusammen mit seinem Gefährten *Zwarte Piet,* dem „Schwarzen Peter", zurück nach Spanien. Das Schiff legt manchmal schon im November am Kai in Otrabanda an. Auf dem Brionplein 12 findet aus diesem Anlass ein großes Fest statt. Der eigentliche Nikolaustag ist wie in Deutschland der 6. Dezember.

Curaçao kulinarisch

Lokale Gerichte

Das zumeist recht trockene Klima bestimmt die Vegetation und damit auch die **Kreol-Küche** Curaçaos (auch *krioyo* genannt). Typische Gerichte sind **deftige Suppen** und **sättigende Eintöpfe**, die man ursprünglich über dem Feuer zubereitete. **Vegetarier** haben es auf der Insel nicht leicht: Die meisten Rezepte sind **fleischlastig**. Ziegen und Hühner, aber auch Leguane kommen auf den Teller. Gemüse und Hülsenfrüchte dienen zumeist als Beiwerk, beliebt sind Okraschoten, Bohnen, Kürbis und sogar Kaktus.

Schon beim **Frühstück** geht es herzhaft zu: Curaçaoner essen gerne *pastechi,* mit Käse, Hackfleisch oder salzigem Fisch gefüllte Teigtaschen. Pastechi gibt es in Kiosken und Essensständen, aber auch in Bäckereien und Cafés. Ältere Damen verkaufen selbst gemachte *pastechi* auf der Straße. Letztere sind meist die besten.

An Feiertagen wie dem Flaggentag kleiden sich die Insulaner traditionell

068cu-bw

Dank exotischer Früchte sind die Marktstände Curaçaos herrlich bunt

069cu-bw

Kaktus- und Leguansuppe sind auf Curaçao keine Besonderheit

Eine **warme Hauptmahlzeit** nimmt man meistens zu **Mittag** zu sich, aber auch abends wird warm gegessen.

Samstags gibt es traditionell **Kaktussuppe** (*sopa di kadushi* oder *cadushi*). Für die etwas schleimige Suppe wird die dicke, grüne Schale des Kadushi-Kaktus zerstoßen und gekocht. Der Kaktus muss dafür zur richtigen Tageszeit an der Spitze gekappt und mit einer speziellen Technik geschält werden. Für ein *guiambo* kocht man Okraschoten mit Meeresfrüchten und salzigem Fleisch. Beide Suppen werden mit *funchi,* einer Art Polenta aus Maismehl, serviert.

In **Reisgerichten** und **Eintöpfen**, den *stobas (stobás)*, findet man auch süßliche Zutaten wie Papaya und Rosinen, hauptsächlich in Kombination mit Bohnen und Kraut. Ein klassisches *tutu* ist ein Bohnengericht mit Kokosmilch und Maismehl.

Die charakteristische Kreol-Küche probiert man am besten in der alten Markthalle **Plasa Bieu** 7, im **Landhuis Dokterstuin** (s. S. 77) oder in **Jaanchie's Restaurant** (s. S. 84).

In den Restaurants der Insel findet man heute einen spannenden Mix aus traditionellen Rezepten und internationalen – vornehmlich niederländischen – Einflüssen. Ein ausgezeichnetes Beispiel für einen solchen **kulinarischen Kulturmix** ist *keshi yená:* Für dieses Gericht wird die Rinde eines Gouda- oder Edamerlaibs mit Hühnchen, Rosinen, Oliven und Kapern gefüllt. Da die Inselbewohner heutzutage überwiegend auf geschnittenen Käse zurückgreifen, fehlt es an der vollständigen Käserinde. *Keshi yená* wird daher meist als eine Art Käsekugel angeboten. Die Backform wird dafür einfach mit Käsescheiben ausgelegt, sodass die würzige Füllung vom Käse umhüllt ist.

Die starken **Bande zu den Niederlanden** zeigen sich noch deutlicher in der Snack-Landschaft Curaçaos: Viele Imbissbuden und Bistros bieten die typisch holländischen *pommes* und *frikandel* (eine Art Bratwurst ohne Darm) an, selbstverständlich auch als *speciaal* mit Ketchup, Mayo und Zwiebeln.

Fischfreunde werden auf der Karibikinsel sicherlich ihr Glück finden, denn die heimischen Gewässer halten einige Leckerbissen bereit: Hinter exotisch klingenden Namen wie *mahi-mahi* oder *wahoo* (auch *mula*) verbergen sich schlicht große Makrelenarten. Dorade (*dradu*) und Thunfisch (*tuna*) stehen ebenso auf der Speisekarte. Dank der Frische und der kreativen Zubereitung mit kreolischen Soßen und Gewürzen sind sie ein schmackhaftes Abendessen.

Der **Skorpionfisch** (*lionfish*) ist auf Curaçao eine wahre Plage und daher zur Jagd freigegeben. Viele Sporttaucher versuchen in den frühen Abendstunden ihr Glück und verkaufen ihren Fang direkt an die Restaurants am Strand. Durch die kugelige Form macht dieser Meeresbewohner auf dem Teller besonders viel her. Am besten fragt man im Restaurant nach dem Fang des Tages!

Typische Getränke

In den Straßen sieht man auf der ganzen Insel verteilt **„Batido"-Stände.** Hier gibt es **Fruchtsäfte** aus den vielen tropischen Früchten der Karibik: Mangos, Papayas, Zitronen, Ananas ... Die Zutaten stellt man sich selber zusammen. *Batidos* sind nicht nur frisch und lecker, sondern auch gesund: Sie strotzen vor Vitaminen und Ballaststoffen. Eines der beliebtesten Getränke ist außerdem **„awa di lamunchi" (auch: awa lamoenchi)**, eine **hausgemachte Limonade.** An heißen Tagen gibt es auf der Antilleninsel kaum etwas Erfrischenderes. Man sollte jedoch bei der Bestellung fragen, ob die Limonade wirklich frisch zubereitet ist; mancherorts

Blue Curaçao – bitter macht lustig

Man könnte fast meinen, Blue Curaçao ist bekannter als seine Heimat. Denn kaum fällt der Name der Antilleninsel, ist die blaue Cocktailzutat meist die erste Reaktion. Kaum zu glauben, wenn man bedenkt, dass der Likör aus einer Missernte entstand: Die Spanier wollten auf Curaçao Valencia-Orangen anbauen. Statt großer, saftiger Früchte hingen aber schrumpelige, bittere Miniexemplare an den Bäumen. Die Spanier nannten Curaçao darum auch „isla inútil", die „nichtsnutzige Insel".

Der Legende nach experimentierte der alte Herr Senior mit den „larahas" – so heißen die Bitterorangen auf Papiamentu. Vermutlich erinnerte er sich an eine Binsenweisheit: „Wenn dir das Leben Zitronen gibt, mach' Limonade daraus." Denn er begann, aus den harten Schalen Alkohol herzustellen – mit Erfolg! Nach einigen Rezeptvarianten erhielt er einen recht schmackhaften, farblosen Orangenlikör. Auf Cocktailkarten findet man Curaçao heute auch als Triple Sec.

Dass der Blue Curaçao blau ist, liegt an einem weiteren Unfall. Das allererste Gebräu soll durch eine chemische Reaktion zwischen Kupferkessel und Alkohol blau geworden sein, danach blieb es stets farblos. Als Markenzeichen machte sich die ungewöhnliche Färbung jedoch gut, also fügte Senior fortan blaue Lebensmittelfarbe hinzu.

Da sich Ländernamen nicht schützen lassen, fertigen und vermarkten heute auch andere Hersteller Blue Curaçao. Den echten Blue Curaçao von Senior & Co. gibt es jedoch fast ausschließlich auf Curaçao; nur ein verschwindend geringer Teil wird in die USA exportiert.

Wer sich über seine Geschichte und Herstellung informieren möchte, besucht den Sitz der Likörfabrik im Landhuis Chobolobo 34.

wird Urlaubern auch Wasser mit schnödem Zitronensirup serviert.

Als bekanntestes Getränk der Insel gilt jedoch **Blue Curaçao** (s. S. 107).

Im Restaurant

Es empfiehlt sich, vor der Bestellung einen Blick auf die Fußzeile der Speisekarte zu werfen. Hier steht nämlich, ob in den Preisen die **Mehrwertsteuer** – kurz *O. B.* oder *sales tax* – in Höhe von 9 % enthalten ist. Es ist durchaus üblich, zusätzlich eine sogenannte **Bedienungsgebühr** *(service charge)* zu erheben; diese liegt bei etwa 10 %.

Speisekarten in niederländischer Sprache weisen die **Preise** meist in Antillen-Gulden aus. Englischsprachige Menüs enthalten Preise eher in US-Dollar. Es ist ratsam, vorab zu prüfen, in welcher Währung die Karte ausgestellt ist, um eine teure Überraschung zu vermeiden. Zunehmend stellen auch kleinere Restaurants auf bargeldlose Bezahlung um. Es gibt aber noch immer viele Orte, an denen nur bar bezahlt werden kann. Es empfiehlt sich, die **Bezahlweise** frühzeitig abzuklären.

Das **Personal** zeichnet sich häufig nicht unbedingt durch überdurchschnittliches Engagement aus. Am besten nimmt man es gelassen und ergreift zur Not selbst die Initiative – in der Karibik ticken die Uhren etwas langsamer.

Auf Curaçao bestehen Restaurants meist aus überdachten Terrassen. Darum ist **Rauchen** oft kein Problem. Wer drinnen speist, sollte besser bei der Bedienung nachfragen, ob Rauchen erlaubt ist.

Restaurants mit Ausblick

› **Brisa do Mar – Pop's Place** (s. S. 57). Sympathisches Kreol-Restaurant in der Caracasbaai 38, direkt am Strand gelegen.
› **Fort Nassau** (s. S. 39). Das Gourmet-Restaurant ist sicherlich die teuerste Variante, um bei einem Essen die Aussicht zu genießen. Dafür bietet das alte Fort mit Abstand das beste Panorama über Willemstad und die Schottegat.

Curaçaos Sneks – hier schlägt das Herz der Insel

Auf Curaçao stolpert man alle paar Meter über einen sogenannten Snek. Die kleinen Imbisse, oft nicht mehr als eine Wellblechhütte, sind vielerorts der Dreh- und Angelpunkt eines Dorfes: Hier steht man zusammen und trinkt abends ein kühles Polar-Bier. Oder man bleibt gleich zum günstigen Abendessen. Ein gutes Sandwich oder ein würziges Hühnchen mit Pommes stehen fast immer auf der Tageskarte. Viele Sneks bieten auch typische Spezialitäten wie Kuttelsuppe an. Dabei wird selbstverständlich alles selbst gekocht und frisch zubereitet.

Vielerorts gibt es noch die Tradition, sonntagmorgens in aller Herrgottsfrühe am Snek gemeinsam mit den Nachbarn Suppe zu frühstücken. Die Abende können speziell am Wochenende lang werden. Viele Sneks organisieren Livekonzerte oder Kinoabende und übertragen Fußballspiele.

Manchmal ist es kaum zu glauben, wie viele Menschen sich um einen einzelnen, kleinen Snek drängeln können. Am besten mischt man sich einfach unters Volk und genießt die Atmosphäre – hier präsentiert sich Curaçao von seiner urkaribischen Seite.

- **Gouverneur de Rouville** (s. S. 39). Nirgendwo sonst genießt man beim Essen einen so herrlichen Ausblick auf die Handelskade 1 von Willemstad und die Sint Annabaai.
- **Landhuis Brakkeput Mei Mei** (s. S. 56). Das historische Plantagenhaus wirkt abends besonders stimmungsvoll, wenn man von der Terrasse über die Lichter Willemstads schaut.
- **Restaurant Playa Forti** (s. S. 84). Das Restaurant liegt direkt oberhalb der Klippen des kleinen Playa Forti 69. Hier sind großartige Ausblicke auf den Sonnenuntergang über dem Meer garantiert. Wer möchte, kann vor dem Essen einen 15-Meter-Klippensprung wagen.

Frühstück am Meer

- **Blue Bay Golf & Beach Resort** (s. S. 101), Tel. +5999 8888800, www.bluebay-curacao.com/food-beverage/blue-bay-beach-restaurant-coast. Im Sand: Hier können auch Tagesgäste ab 8 Uhr ein üppiges Frühstück mit den Füßen im Sand genießen. Serviert werden frisch gebackene Brötchen, ein Aufschnittteller, Käse, Saft und leckerer Kaffee im amerikanisch geprägten Ambiente.
- **Karakter Curaçao** 56. Luxuriös: Frühaufstehern serviert die Karakter-Bar schon ab 8 Uhr einen leckeren Cappuccino und ein opulentes Frühstück mit Brötchen, Säften, Croissants, Aufschnitt, Käse und Rührei. Prosecco gegen Aufpreis. Holländische Sandwiches oder Joghurt mit Früchten sind ebenfalls im Angebot.
- **Restaurant am Kokomo Beach** 50. Gemütlich: In dem Strandrestaurant kann man den ersten Kaffee schon ab 9 Uhr genießen. Morgens ist es hier meist noch recht ruhig. Besser als mit diesem Blick von der Terrasse auf die türkisblaue Bucht kann man kaum in den Tag starten. Tipp: Gehen Sie vorher eine Runde schnorcheln.
- **Saint Tropez Ocean Club** (s. S. 31). Stylish: In der Poolbar gibt es täglich ab 8 Uhr Frühstück. Die Karte bietet französisches Omelette in verschiedenen Variationen und Croissants, aber auch ein amerikanisches Frühstück mit Speck und belegte Panini. Wer früh kommt, kann sich einen Platz am Pool sichern.
- **Zanzibar** (s. S. 54). Niederländisch: Ab 9 Uhr riecht es in der Zanzibar nach Kaffee und Apfelkuchen. Herzhafte Frühstücker bevorzugen den Toast mit Rührei und Lachs. Das große Frühstück wartet mit Brötchen, Rührei, Aufschnitt, Käse und Saft auf.

☑ *Im Brisa do Mar – Pop's Place (s. S. 57) genießt man sein Essen mit Meerpanorama*

070cu-bw

Was wo kaufen?

Curaçao ist ein **Paradies für Shopaholics.** Von der duftenden Mango bis hin zum funkelnden Diamantschmuck gibt es auf Curaçao alles, was das Shoppingherz höher schlagen lässt. Gerade auf den Märkten und in kleineren Geschäften lassen sich die Händler auch gerne auf **Verhandlungen** ein. In den internationalen Geschäften kommen Schnäppchenjäger ebenfalls auf ihre Kosten. Denn da die **Mehrwertsteuer** auf Curaçao maximal bei 9 % liegt, ist das Einkaufen hier zwar nicht „duty free" aber immerhin „duty relaxed".

Curaçao ist von den typischen **Souvenirs** mit „Made-in-China"-Etikett nicht verschont geblieben. Die Ladenzeilen in Willemstads Altstadt sind voll damit. Die netteste Variante davon sind die mit **„Dushi Curaçao"** beschrifteten Mitbringsel und Kleidungsstücke. Ein originelleres Andenken sind sicherlich die **Chichis** aus Serena's Art Factory (s. unten).

Eine gute Anlaufstelle für **authentische karibische Handarbeit** ist der Souvenirshop im Landhuis Bloemhof (33). In dem kleinen Laden erhält man Schmuck von einheimischen Designern. Außerdem gibt es eine nette Auswahl an Büchern über die Architektur, die Pflanzenwelt oder die Kulinarik der Insel. Ein kleiner Plausch über das Erstandene gilt als Gratiszugabe. Auch in den Boutiquen im Kurá-Hulanda-Village (14) gibt es schöne, wenn nicht ganz günstige Souvenirs.

„Chichis" – karibische Weibsbilder mit deutschen Wurzeln

Auf Curaçao läuft man ständig Chichis in die Arme – und zwar wortwörtlich. Die farbenfrohen Frauenfiguren (s. Foto S. 135) mit ihren sinnlichen Rundungen und ausgebreiteten Armen sind typisch für Karibikinsel.

Das Wort „chichi" stammt aus dem Papiamentu. Gemeint ist die älteste Tochter oder große Schwester. Sie ist eine Vertrauensperson, bei der man Rat und Unterstützung sucht. Eine Chichi hält die Familie zusammen. Als die Künstlerin **Serena Janet Israel** im Jahr 2001 nach Curaçao kam, inspirierte sie dieses Bild und sie begann, ihre eigene Interpretation der Chichis zu gestalten. Zunächst malte und formte die gebürtige Berlinerin die Skulpturen ganz alleine. Mit wachsender Nachfrage lernte sie einheimische Frauen an, die ihre Leidenschaft und Kreativität teilten. Das „Chichi-Geld" war für die Frauen ein willkommenes Zusatzeinkommen. Heute sind die Chichis eine Marke und das kleine Atelier zu einer Kunstfabrik angewachsen. Die Souvernirshops auf Curaçao verkaufen die lebensfrohen Frauenfiguren zu Tausenden im Miniaturformat; es gibt sie aber auch als mannshohe Statuen in der Altstadt. Die Größte steht am Eingang von Serena's Art Factory, im Osten der Insel in der Nähe der Curaçao Ostrich Farm (42). Einen Ableger der Kunstmanufaktur gibt es auch in Punda.

› **Serena's Art Factory (1)** <101> Jan Luis 87 A, Tel. +5999 7380648, www.chichi-curacao.com, Di.–Sa. 9–17 Uhr, offener Workshop Di. und Sa. 9–12 Uhr, 20 NAF zzgl. Skulptur (ab 48 NAF), Teilnahme ohne Anmeldung möglich, Ankunft spätestens um 9.30 Uhr

■ **Serena's Art Factory (2)** <102> Windstraat, Gomezplein, Punda, Di.–Sa. 10–17 Uhr

Ein begehrtes Geschenk sind die fröhlich bemalten Wandplatten und die *kunuku huises,* Curaçaos Landhäuser (s. S. 46) im Miniaturformat.

› **Töpferei Keramos** <103> Kaya Kolonel Carel 2, Willemstad, Tel. +5999 5656136, Mo./Mi./Fr. 8–16 Uhr

Die Aloe Vera Farm 43 produziert u. a. die **heimische Kosmetiklinie Curaloe.** Alle Produkte werden aus Aloe-Pflanzen aus eigenem Anbau hergestellt. Einen Shop gibt es direkt auf der Plantage, ferner im Rif Fort 13 und im Boulevard am Mambo Beach 31.

An den Ständen des **Marshé Nobo (Neuen Marktes)** 8 entdeckt man einige Kuriositäten wie heilendes Haifischöl und magische Kräutermixturen, aber auch typische Dinge des täglichen Bedarfs wie *palú di lele,* einen hölzernen Handmixer.

Ein klassisches Souvenir ist natürlich eine Flasche des **original Blue Curaçao** (s. S. 107) aus der Likörfabrik Senior & Co. Man beachte jedoch, dass man nur einen Liter zollfrei nach Deutschland importieren darf. Den Likör gibt es nicht nur im fabrikeigenen Shop, sondern inselweit in größeren Supermärkten und natürlich am Flughafen (s. S. 116).

Natur erleben

Curaçaos Südküste ist von **Buchten und Sandstränden** gesäumt. Das naheliegende **Korallenriff** bietet beste Voraussetzungen zum Tauchen und Schnorcheln. Die **vielfältige Meeresfauna** wird im Abschnitt Tauchen näher beschrieben (s. S. 93).

Curaçao wirkt zwar grün, aber doch auch **trocken.** Niedrige Büsche und Wüstengewächse bestimmen die Pflanzenwelt in weiten Teilen der Insel. Sie ist für Steigungsregen zu flach, weshalb nur wenig Niederschlag fällt. Trotzdem besitzt Curaçao mit 450 Pflanzenarten eine der vielfältigsten Vegetationen der südlichen Karibik. Dabei dominieren v. a. **Kakteenwälder** das Bild. Zu den größten Arten gehört der Kadushi-Kaktus, aus dem die traditionelle Kaktussuppe (s. S. 106) zubereitet wird. Im **Christoffelpark** 63 können Pflanzenliebhaber die vielen **Orchideen und Bromelien** bewundern. Palmen, Divi-Divi- und Manzaliña-Bäume (s. S. 45) sorgen für Schattenplätze auf der ganzen Insel.

⊡ *Trockene Karibikinsel: ideale Bedingungen für die Aloe-Vera-Zucht*

072cu-bw

Die **artenreiche Vogelwelt** erlebt man auf Curaçao bereits beim Frühstück, wenn freche, schwarz-gelbe Zuckervögel und die etwas größeren gelben Trupiale die Krümel direkt vom Teller stehlen. Sperlinge, Drosseln, Kolibris und St.-Thomas-Sittiche fliegen fröhlich umher. **Flamingos** erlebt man besonders rund um die alten Salinen Jan Thiel 35 und Jan Kok 54 an der Südküste. Am Kokomo Beach 50 und am Strand von Boca Sami 47 kommt man **Pelikanen** sehr nah.

In den **Nationalparks** (Christoffelpark 63 und Shete Boka National Park 64) und in etwas entlegenen Landstrichen sieht man häufig den **Warawara** (oder Karakara), einen schwarz-braunen Raubvogel. Er ernährt sich von Aas und Jungvögeln. Oft sitzt er auf hochgewachsenen Kakteen und überblickt sein Territorium. Während der Jagd stolziert er suchend durchs Unterholz. In Papiamentu gibt es viele Redensarten rund um den Warawara: *„Ora buriku muri, ta warawara ta hasi fiesta"* heißt übersetzt so viel wie: „Wenn der Esel stirbt, feiert der Warawara" oder einfacher: „Des einen Freud ist des anderen Leid."

Auch der Anblick von **Eidechsen** und ihren großen Brüdern, den **Leguanen**, ist für Curaçao-Besucher all-

071cu-bw

Der orange-schwarze Antillentrupial ist auf Curaçao weit verbreitet

Für Leguane ist selbst die Stadt ein Abenteuerspielplatz

täglich. Die Leguane sind entweder giftgrün oder blass graugrün. Bei bis zu 2 m Länge bringen sie mitunter 9 kg auf die Waage. Die *Iguanas,* wie sie hier genannt werden, sind längst nicht mehr menschenscheu, halten sich mit Vorliebe in der Nähe von Cafés auf oder sonnen sich mitten auf der Straße. In ruhigeren Gegenden klettern die Leguane gern auf Bäume.

Von den Anfängen bis zur Gegenwart

Curaçaos Geschichte ist von vielen verschiedenen Kulturen und Nationen geprägt. Angefangen bei der aus dem heutigen Venezuela stammenden indigenen Bevölkerung über spanische Kolonialisten und afrikanische Sklaven bis hin zu den engen Banden zum niederländischen Königreich – sie alle haben ihre Spuren hinterlassen.

1499 entdeckte **Alonso de Ojeda** (1466–ca. 1515), ein Leutnant des großen Christoph Kolumbus, die Insel als erster Europäer. Zu dieser Zeit lebten schon seit etwa 2000 Jahren die **hochgewachsenen Arawak** auf Curaçao. Die Spanier tauften das Eiland daher **„Isla de los Gigantes“**, also „Insel der Riesen“. Die Ureinwohner wurden von den Spaniern in andere Teile der Kolonie verschleppt, vertrieben oder getötet. Aus der Zeit der Arawak sind noch wenige Felszeichnungen erhalten, zu sehen u. a. in den Hato Caves 45 und im Christoffelpark 63.

Bis 1634 blieb die Insel spanisch. Im Zuge des Handelskriegs zwischen Spanien und den Niederlanden besetzte die **Niederländische Westindien-Kompanie** (*Geoctroyeerde West-Indische Compagnie,* kurz WIC) das karibische Eiland. Die Handelskompanie hatte ein Monopol auf den gesamten niederländischen Handel mit Amerika und Afrika, unterhielt jedoch auch Streitkräfte. Sie begann, Land zu erobern und entschied über Krieg und Frieden mit der einheimischen Bevölkerung.

Die WIC suchte in der südlichen Karibik zunächst vorwiegend nach geeigneten Orten für die **Salzgewinnung.** Das war enorm wichtig, um Lebensmittel wie Hering oder Fleisch zu verarbeiten und haltbar zu machen. Als es innerhalb der Handelskompanie in den 1670er-Jahren zu einer Neustrukturierung kam, konzentrierte sie sich vermehrt auf den **Sklavenhandel.** Während das benachbarte Bonaire eine Meersalz-Plantage blieb, begann auf Curaçao das dunkle Zeitalter der Sklaverei. Die Insel wurde eine der größten **Drehscheiben für**

Zeugnis der Geschichte: das restaurierte Landhuis Kenepa 67

den Dreieckshandel mit Sklaven. In ihrer Hochphase ließ die Niederländische Westindien-Kompanie auf fast 400 Schiffen Sklaven aus Westafrika in die Karibik schiffen. Bei der mehrmonatigen Überfahrt starben bereits viele Menschen an Krankheiten oder Misshandlungen. Wer Curaçao lebendig erreichte, wurde vor Ort registriert und in Käfige gesperrt, die ungeschützt in der Sonne standen.

1795 eskalierte die Lage auf der Insel: Am 17. August kam es zum größten **Sklavenaufstand** der Geschichte der Insel. Der Aufstand wurde jedoch niedergeschlagen und der heute als Held verehrte Anführer Tula zum Tode verurteilt.

Die vielen restaurierten **Landhäuser** (s. S. 46), etwa Landhuis Ascencion 61, geben Zeugnis von der Epoche des Sklavenhandels. Zahlreiche **Festungen**, wie das Fort Amsterdam 4 und das Fort Beekenburg 39, gehen ebenfalls auf die holländische Kolonialzeit zurück.

Im 17. bis 19. Jh. wechselten sich Briten und Niederländer zwischenzeitlich als Inselherren ab. 1815 ging Curaçao endgültig an die Niederlande. Das Ende der Sklaverei im 19. Jh. bedeutete für Curaçao den **wirtschaftlichen Abstieg.** Die Bevölkerung lebte weitestgehend vom Orangenanbau und der Aloe-Vera-Zucht.

1918 brachte die neu gebaute **Ölraffinerie** der Insel den ersehnten Aufschwung. Die politische Stabilität und Nähe zu den Niederlanden machte Curaçao als Handels- und **Bankenstandort** attraktiv. Der Tourismus sowie viele europäische und US-amerikanische Einwanderer brachten Devisen ins Land.

Im Jahr 1954 erzielte der Inselverband **Niederländische Antillen** (mit den Nachbarinseln Aruba und Bonaire) Autonomie innerhalb des niederländischen Königreiches. Im Oktober 2010 wurde der Inselverband in Folge eines Referendums aufgelöst. Curaçao ist seitdem ein **nach innen autonomer Staat** innerhalb des **Königreiches der Niederlande.** Die niederländische Regierung subventioniert die Insel weiterhin jährlich mit dreistelligen Millionenbeträgen. Eine vollständige Souveränität wäre für Curaçao daher nicht klug.

2016 wurde Curaçao nur knapp von **Hurrikan Matthew** verfehlt. Trotzdem haben die Strände und das Riff unter dem Unwetter gelitten. Das empfindliche Korallenriff der Insel erholt sich davon nur langsam.

Seit Ende 2019 ist die **Erdölraffinerie,** die lange für Jobs und Devisen sorgte, zumindest vorerst außer Betrieb genommen. Nur wenige Wochen später kam aufgrund der Coronapandemie auch der **Tourismus** zum Erliegen. Anfang 2021 öffnete Curaçao wieder die Grenze. 2022 konnte die Insel knapp 500.000 Übernachtungsgäste verzeichnen. Die Zahlen liegen aber noch weit unter denen vor der Pandemie. Den finanziellen Einbruch, den diese beiden Ereignisse verursacht haben, muss die Wirtschaft der Insel erst noch verarbeiten.

MEIN TIPP

Statuen

Der bekannte Insel-Künstler Yubi Kirindongo hat auf Curaçao an sieben Orten, die für den Befreiungskampf der Sklaven wichtig waren, Statuen errichtet. Jede stellt eine geballte Faust dar, die eine gesprengte Handfessel hält. Sie finden sich z. B. an der Jan Kok Saline 54, am Landhaus Landhuis Kenepa 67, am Strand Grote Knip 68 und am Eingang zum Strand Porto Mari 58.

PRAKTISCHE REISETIPPS

015cu-bw

An- und Rückreise

Zwar ist Curaçao im Gespräch mit deutschen Airlines, trotzdem ist die Insel momentan **nicht per Direktflug von Deutschland aus zu erreichen.**

Die niederländische Fluglinie **KLM** (www.klm.de) bietet aus vielen deutschen Großstädten Flüge nach Curaçao an, hier wird jedoch ein **Stopover in Amsterdam** erforderlich. Die Flugzeit ist daher mit rund zwölf Stunden etwas länger als die eines Direktflugs mit knapp zehn Stunden. Günstige Tickets erhält man schon um 500 bis 600 € für Hin- und Rückflug. Die Preisspanne ist aber je nach Saison sehr groß.

Aus **Österreich** und der **Schweiz** gibt es ebenfalls keine Direktflüge nach Curaçao. KLM bietet allerdings Flüge mit Zwischenstopp in Amsterdam an.

Reisende, die nahe der holländischen Grenze wohnen, können auch direkt ab Amsterdam fliegen und so den Zwischenstopp vermeiden. Für Abflüge von Amsterdam bietet sich neben KLM noch die **niederländische Tui** (www.tui.nl) an. Die Flüge sind zeitweise recht günstig, für viele Annehmlichkeiten wie Entertainmentsystem muss man jedoch extra bezahlen. Auf dem Hinflug wird teilweise ein Zwischenstopp auf Aruba eingelegt, der die Flugzeit wiederum verlängert. Bei der niederländischen Tui gibt es außerdem sehr preiswerte **Pauschalangebote**, die meist ein Hotel in den Haupttouristengebieten im Osten der Insel beinhalten. Die Buchung ist leider nur auf Niederländisch möglich. Mit Online-Übersetzungsprogrammen kommt man jedoch gut weiter.

Vom Flughafen nach Willemstad

Der **Curaçao International Airport** (auch **Hato International Airport**) liegt etwa 10 km nördlich des Stadtzentrums von Willemstad. Er ist von fast allen Punkten der Insel in maximal 20 bis 30 Minuten mit dem Auto zu erreichen.

› **Curaçao International Airport** <104> www.curacao-airport.com, Flughafen Informationsdienst: Tel. +5999 8391980

Am Flughafen sind alle bekannten **Autovermietungen** vertreten. Die Informationsschalter befinden sich in der Ankunftshalle (nähere Infos zu Mietwagen: s. S. 117).

Taxen und Busse fahren linker Hand außerhalb des Terminals ab. Eine **Taxifahrt** nach Willemstad dauert etwa 20 Min. und kostet 25–30 US$ für ein bis vier Passagiere. Ab 23 Uhr fällt ein Zuschlag in Höhe von 25 % an.

Vom Flughafen gelangt man mit dem **Bus** problemlos zu den **Busbahnhöfen** in Punda und Otrabanda (s. S. 133). Ein Busticket kostet etwa 1 US$ pro Person. Zwischen 6 und 22.30 Uhr verkehren die Busse der Linien 2 A und 2 C (Punda) oder 4 B (Otrabanda) jeweils stündlich. Die Fahrt dauert etwa eine halbe Stunde. Mehr Informationen finden sich auf der Website des Busbetriebs, die auch auf Englisch verfügbar ist (https://autobusbedrijf.com).

◁ Vorseite: Auf Curaçao lassen sich selbst die Pelikane nicht den Blick aufs Türkisblau nehmen

Ausrüstung und Kleidung

Der **Dresscode** ist auf Curaçao recht leger. Dennoch tragen Einheimische auch an heißen Tagen lieber lange Hosen, von Touristen wird dies jedoch nicht erwartet. Abends weht meist eine angenehme Brise, sodass es beim Dinner am Strand frisch werden kann. Ein leichter Pullover oder eine Strickjacke kann nicht schaden.

Bei einem **Kirch- oder Restaurantbesuch** sollte man auf zu lässige Strandbekleidung verzichten. In den meisten Lokalen ist normale Freizeitkleidung auch am Abend ausreichend. Lediglich in den hochpreisigeren Restaurants ist ein etwas eleganterer Kleidungsstil erwünscht.

Für den Besuch eines **Casinos** (s. S. 42) ist es ebenfalls ratsam, das Strandoutfit im Koffer zu lassen. Herren sollten zumindest geschlossene Schuhe und eine lange Hose tragen. Teilweise herrscht Krawattenzwang. Die Krawatten können für den Abend oft vor Ort geliehen werden.

Eine **Schnorchelausrüstung** kann an nahezu allen Stränden günstig geliehen werden. Dennoch lohnt es sich, eine Taucherbrille mitzubringen. Curaçaos Unterwasserwelt ist einfach zu einladend. Wer nur entlang der Küste schnorcheln möchte, kann auf Flossen verzichten. An vielen Stränden ist die Uferzone mit Korallenresten bedeckt. Der Einstieg ins Wasser kann für empfindliche Fußsohlen etwas unangenehm sein. **Wasserschuhe** sind in diesem Fall ratsam.

Wie an allen Sonnenzielen sind **Sonnenschutz** und eine **Kopfbedeckung** wichtig. Die karibische Sonne ist trotz des Passatwindes und auch bei wolkigem Himmel nicht zu unterschätzen. Zu empfehlen sind Cremes mit hohem Schutzfaktor (mindestens Faktor 30).

Mückenschutz ist ebenfalls von Vorteil. Viele Hotels haben Moskitonetze über den Betten. Die lästigen Blutsauger sind allerdings eher am frühen Morgen und am Abend in den Bars und Restaurants ein Problem. In den **Apotheken** *(boticas)* vor Ort (s. S. 126) gibt es gute Mückensprays, auch deutsche Präparate sind wirksam. Es ist preiswerter, Sonnen- und Mückenschutz aus Deutschland mitzubringen.

Autofahren

Mietwagen

Ein Mietwagen ist die beste Option, um Curaçao zu erkunden, denn die öffentlichen Vehrkehrsmittel (s. S. 132) sind für Touristen wenig empfehlenswert. **Hotels und Apartmentanbieter** buchen für ihre Gäste vor Ort Mietwagen. Auch am Flughafen (s. S. 116) kann man sich ein Fahrzeug mieten.

Pro Tag zahlt man mindestens 30 US$. Eine Vollkaskoversicherung ohne Selbstbeteiligung ist selten. Das **Mindestalter** liegt bei 21 Jahren. Außerdem benötigt man – zumindest offiziell – einen **internationalen Führerschein.** Mit einem deutschen Führerschein kann man als Urlauber aber in der Praxis trotzdem einen Wagen mieten. Denn bei Polizeikontrollen wird meist ein Auge zugedrückt, wenn nur ein deutscher Führerschein vorgezeigt wird. Wer **vorab von Deutschland** aus einen Mietwagen bucht, kommt im Normalfall günstiger weg und bekommt dazu den besseren Versicherungsschutz.

Straßennetz und Verkehrsregeln

Die **Straßen** sind in einem guten Zustand und weitestgehend asphaltiert. Nur ab und an erwischt man einen unbefestigten Weg. Die Beschilderung und die überschaubare Größe der Insel sorgen dafür, dass man sich kaum verfahren kann. Lediglich im Gewusel von Willemstads Altstadt wird es manchmal etwas unübersichtlich; Passanten helfen in der Regel gerne weiter. Im **Berufsverkehr** – morgens gegen 8 Uhr und in den frühen Abendstunden – wird es in der Hauptstadt gelegentlich etwas hektischer. Dann staut es sich auf den Zufahrtsstraßen rund um Willemstad.

Die Verkehrsregeln orientieren sich an den in Europa geltenden Gesetzen. Es herrscht **Rechtsverkehr**, überholt wird links. Auch die Verkehrszeichen sind gleich. Sofern nicht anders angezeigt, gilt innerstädtisch eine **Geschwindigkeitsbegrenzung** von 40 km/h, außerhalb geschlossener Ortschaften von 60 km/h.

Der **Verkehrsfluss** ist in der Regel gemäßigt und entspannt. Es wird kaum gedrängelt, andere Wagen werden ganz selbstverständlich reingelassen. Allerdings ist man bei gelben Ampeln nicht zimperlich. Blinker kommen eher sporadisch zum Einsatz.

Vorsicht ist am **Kreisverkehr** geboten: Vorfahrt hat, wer in den Kreisverkehr hineinfährt. Oft genug gibt es aber Sonderregeln, die per Vorfahrtsschild angezeigt sind. Man achte also vor der Einfahrt und im Kreisverkehr stets auf die Beschilderung.

Unfall

Im Fall eines Unfalls ruft man auf Curaçao nicht die Polizei, sondern **Forensys** (vormals Curaçao Road Service CRS), erreichbar unter **Tel. 199**. Der Dienst verfasst noch vor Ort einen Unfallbericht und stellt auch die Schuld fest. In den Mietwagen ist immer eine Notfallrufnummer des jeweiligen Anbieters hinterlegt, die man im Fall eines Unfalls zusätzlich kontaktieren sollte.

Tanken

Tankstellen *(pompstations)* sind auf der Insel recht gut verteilt, sodass kein Engpass auftreten sollte. Das **Benzin** ist etwas günstiger als in Deutschland; der Preis liegt bei etwa 1,70–2 NAF pro Liter. **Diesel** ist noch günstiger. Die Mietwagen tanken in der Regel **Super**, das auch auf Curaçao so bezeichnet wird. Normalbenzin heißt *normal* oder *regular*.

Der Unterschied zu deutschen Tankstellen besteht darin, dass man **erst bezahlt** und danach tankt. Man muss also den Wagen an die Zapfsäule fahren, dann zum Kassenhäuschen gehen und den Betrag, für den man tanken möchte, vorlegen. Erst dann wird die Tanksäule freigeschaltet. Kreditkarten werden an den meisten Tankstellen nicht akzeptiert. Es empfiehlt sich daher, ausreichend Bargeld zum Tanken mit sich zu führen. Mit 50 bis 60 NAF lassen sich kleine und kompakte Mietwagen i. d. R. volltanken.

- **Grand Central Pompstation** <105> Pater Eeuwensweg, gegenüber Veneto Holiday Beach Resort, Otrabanda, tgl. 24 Std. geöffnet
- **Pompstation ASO Gas De Ruyterkade** <106> Pietermaai, tgl. 7–21 Uhr
- › **Pompstation Barber** <107> Weg naar Westpunt, Barber, meist tgl. 6–21 Uhr geöffnet
- **Pompstation Scheidelaar** <108> Roodeweg 153, Otrabanda, Mo.–Sa. 6.30–21, So. 8–21 Uhr

Barrierefreies Reisen

Insgesamt ist die Infrastruktur auf Curaçao in puncto Barrierefreiheit gut. Besonders der **Osten der Insel** ist auf Menschen mit Behinderungen eingestellt. Das liegt sicherlich daran, dass das **Curaçao Dolphin Therapy & Research Center** (**CDTC**) im **Sea Aquarium** 32 viele Gäste anzieht. Die Dolphin Suites arbeiten eng mit dem Therapiezentrum zusammen. Die gesamte Anlage inklusive der Zimmer und Bäder sind barrierefrei eingerichtet. Aber auch einige Hotels bieten für Menschen mit Behinderungen komfortable Unterkünfte. Fast alle großen Hotels in Banda Ariba haben barrierefreie Hotelzimmer. Mondi Lodge in Klein Sint Michiel (s. S. 65) vermietet ein geräumiges, rollstuhlgerechtes Apartment mit Außendusche.

Einige **Tauchschulen** sind für Tauchgänge von Menschen mit Behinderung zertifiziert, dazu zählt das Duikcentrum van de Ven im Livingstone Jan Thiel Resort. Die Jeep-Safaris auf der Straußenfarm 42 sind rollstuhlgerecht. Wer während des Urlaubs auf **häusliche Pflege** nicht verzichten kann, wendet sich an Carin Cares. Pro Kuido vermietet Pflegezubehör wie Rollstühle und anderes.

- **Carin Cares** <109> Lyraweg 41, Tel. +5999 7676130, www.carincares.com
- **Dolphin Suites** <110> Bapor Kibra, Tel. +5999 4652700, www.dolphinsuites-curacao.com
- **Duikcentrum van de Ven** <111> im Livingstone Jan Thiel Resort, Jan Thiel Bay, Tel. +5999 5141267, www.duikcentrumvandeven.com
- **Pro Kuido** <112> 84 Cas Coraweg, Willemstad, Tel. +5999 7674589, https://prokuido.com

Barrierefreiheit wird auf der Karibikinsel groß geschrieben

Diplomatische Vertretungen

In Willemstad gibt es ein deutsches, ein österreichisches und ein Schweizer Honorarkonsulat:

075cu-bw

› **Honorarkonsul der Bundesrepublik Deutschland** <113> BZSE Advocaten & Belastingsadviseurs, Mahaaiweg 7 A, Willemstad, Tel. +5999 7372973. Die Deutschkenntnisse des Konsuls sind begrenzt. In Notfällen kann man sich auch an die Botschaft in Den Haag wenden (Tel. +31 703420600).

■ **Honorarkonsulat von Österreich** <114> Residence Pietermaai, Pietermaaiweg 20 A, Willemstad, Tel. +5999 6958080, E-Mail: consulcuracao@gmail.com

■ **Schweizerisches Konsulat in Willemstad** <115> Scharlooweg 19, Tel. +5999 4617416, Helpline EDA: Tel. +41 800 247365, E-Mail: willemstad@honrep.ch

Ein- und Ausreisebestimmungen

Staatsbürger aus EU-Ländern und der Schweiz müssen **kein Visum** beantragen. Es genügt ein Reisepass, der bei der Einreise noch mindestens sechs Monate gültig ist. Außerdem braucht man für die Einreise ein **Rückflug- oder Weiterflugticket.** Das Flughafenpersonal am Check-in-Schalter lässt sich dieses Ticket häufig vorzeigen, bevor man seine Bordkarte erhält. Bei der Einreise wird in der Regel ein Aufenthalt von bis zu 90 Tagen gewährt.

Für die Einreise muss jeder Besucher eine sog. **ED-Karte** ausfüllen. Diese wird im Flugzeug ausgeteilt, man kann sie auch vorab online ausfüllen (https://dicardcuracao.com). Die Daten werden direkt an die Einreisebehörde vor Ort übertragen. Dadurch sollen die Einreiseformalitäten vereinfacht und die Wartezeiten verkürzt werden. Die **Online-ED-Karte** kann man direkt nach der Flugbuchung, spätestens bis 24 Stunden vor der Abreise ausfüllen. Im Anschluss erhält man einen Bestätigungslink per E-Mail. Es wird zudem empfohlen, den Online-Antrag auszudrucken und bei der Einreise bereitzuhalten.

Reisen **Kinder nur mit einem Elternteil**, kann sowohl bei der Ausreise als auch bei der Einreise eine Einverständniserklärung des anderen Elternteils erforderlich sein. Elternteile, die alleiniges Sorgerecht haben, benötigen eine entsprechende Bestätigung vom Jugendamt. Infos erhält man beim Auswärtigen Amt und beim zuständigen Konsulat.

Bei der **Rückkehr nach Deutschland** muss man sich am Heimatflughafen auf Wartezeiten einstellen. In Amsterdam werden Fluggäste aus Curaçao besonders genau geprüft, da südamerikanische Drogenkartelle die Insel zunehmend als Drehscheibe für ihre Geschäfte in Europa nutzen. **Spürhunde, Pass- und Gepäckkontrollen** gehören daher bei der Rückreise zum Standardrepertoire.

Die **Einfuhrbeschränkungen** nach Europa finden sich auf den folgenden Websites: www.zoll.de, www.bmf.gv.at, www.ch.ch/de/einfuhr-waren-schweiz.

Elektrizität

Die übliche **Netzspannung** auf Curaçao beträgt **110 Volt.** Die Steckdosen ähneln denen in den USA; man braucht also einen entsprechenden **Adapter**, den man vor Ort erwerben kann. Viele Hotels verleihen einen solchen an der Rezeption. Manche Ferienapartments oder Hotels sind auf europäische Gäste eingerichtet und bieten mindestens einen **Anschluss für 220-Volt-Geräte.**

Wer regelmäßig mehrere Geräte aufladen möchte, sollte von zu Hause eine **Mehrfachsteckdose** mitnehmen.

Geldfragen

Währung und Zahlungsmittel

Die offizielle **Währung** auf Curaçao ist der **Antillen-Gulden**, der mit **ANG** abgekürzt wird. Gängig ist außerdem die Abkürzung **NAF** bzw. **NAFI** für Niederländischer Antillen Florin. Im Alltag ist meist schlicht vom **Gulden** die Rede.

Banknoten werden zu 10, 25, 50 und 100 Gulden herausgegeben. **Münzen** gibt es zu 1, 5, 10, 25 und 50 Cent sowie zu 1, 2 und 5 Gulden.

Zusätzlich kann man nahezu überall auf der Insel mit **US-Dollar** bezahlen. Lediglich große Scheine wie 50- und 100-Dollar-Noten werden nicht so gerne angenommen. Häufig weisen Restaurants ihre Preise in US-Dollar aus, ebenso wie Museen und andere touristische Einrichtungen. Das Wechselgeld erhält man dann meist in Antillen-Gulden. Manchmal kann man sogar in Euro zahlen. **Kreditkarten** (z. B. Visa) werden an vielen Orten als Zahlungsmittel akzeptiert.

Der **Wechselkurs** zwischen dem Euro und dem Antillen-Gulden unterliegt Schwankungen. Es ist günstiger, nur für den ersten Tag Bargeld in US-Dollar mitzunehmen und dann vor Ort Antillen-Gulden abzuheben.

Wechselkurs

1 €	1,94 NAF
1 NAF	0,51 €
1 SFr	1,92 NAF
1 NAF	0,51 SFr
1 US$	1,79 NAF
1 NAF	0,55 US$

Stand: Herbst 2023
Aktuelle Kursangaben finden sich z. B. bei www.oanda.com.

Insgesamt ist die Insel mit **Geldautomaten** gut bestückt, an denen man mit **Maestro-(EC-)Karte** oder Kreditkarte Geld abheben kann. Die gängige Bezeichnung lautet *bankomatiko* oder *geldautomaat*. Auch die englische Abkürzung „ATM" ist geläufig. Direkt am **Flughafen** (s. S. 116) befindet sich ein Geldautomat. Hier lässt sich direkt nach der Ankunft auf Curaçao Geld abheben oder wechseln.

Debitkarten (Girocard)

Debitkarten bzw. **Girocards** mit Maestro-Funktion sind noch bis zu ihrem Laufzeitende gültig, werden aber 2023 sukzessive gegen sog. Mastercard-Debit-Karten ausgetauscht, mit denen man ebenfalls im Ausland zahlen und Geld abheben kann. Debitkarten mit V-Pay-Symbol funktionieren außerhalb der EU nicht, die neuen Visa-Debitkarten hingegen i. d. R. schon. Viele Banken sperren Debitkarten aus Sicherheitsgründen für den Einsatz im außereuropäischen Ausland oder beschränken den Verfügungsrahmen. Man sollte die Karte ggf. im Vorfeld freischalten lassen. Für manche Hotelbuchungen, die Miete von Autos o. Ä. ist eine Kreditkarte erforderlich. Debitkarten (die keinen Verfügungsrahmen haben, sondern bei denen die Beträge direkt vom Girokonto abgebucht werden) ersetzen diese nicht.

Preise und Kosten

Das **Preisniveau** in Willemstad und den Touristenhochburgen entspricht etwa dem einer deutschen Großstadt. Im Vergleich zu anderen karibischen Zielen halten sich die Kosten jedoch noch in Grenzen. Außerhalb der touristischen Hotspots ist das Preisniveau ohnehin um Einiges verträglicher.

Curaçao preiswert

Im Gegensatz zu vielen anderen Karibikzielen lässt sich Curaçao auch mit begrenztem Budget erleben. Allein durch die **Reisezeit** sinken die Kosten: Im April/Mai sind die Hotelübernachtungen deutlich günstiger; gleiches gilt für den Zeitraum September bis November. Die einsetzende Regenzeit schmälert das Urlaubsglück kaum.

Zweiwöchige **Pauschalreisen** sind in der Nebensaison schon ab 1500 € pro Person für Flug und Hotel zu haben, allerdings weniger bei deutschen Anbietern, sondern z. B. bei dem niederländischen Ableger der Tui (s. S. 116). Flüge sind in der Nebensaison generell günstiger, ebenso Apartments. Auch für Individualreisende lohnt sich ein Blick auf den Kalender.

Glücklicherweise sind viele **Strände** auf Curaçao bislang noch **kostenfrei** (s. vollständige Liste S. 94). Dazu gehören die beiden Topschnorchelspots Playa Lagun 66 und Playa Kalki 71, aber auch Curaçaos Vorzeigestrand Grote Knip 68, die beschauliche Bucht Daaibooibaai 57 und der beliebte Familienstrand Caracasbaai 38. An Stränden, die Eintritt verlangen, zahlt man für die Liegen zusätzlich. Man kann aber auch einfach ein Handtuch auf den Sand legen und seinen eigenen Sonnenschirm aufspannen. Wer von zu Hause eine **Schnorchelausrüstung** mitbringt, spart die Leihgebühren.

080cu-bw

Viel Geld spart man durch den Verzicht auf einen Mietwagen. Zwar ist Curaçao eine Autoinsel, die Hauptorte sind aber auch mit **Bussen** zu erreichen. Eine Fahrt kostet etwa 2–4 NAF. Man sollte die An- und Abfahrt jedoch großzügig planen und sich nicht auf den Fahrplan verlassen.

Willemstads wichtigste Sehenswürdigkeiten wie die Handelskade 1, die Queen Emma Bridge 11 oder das Rif Fort 13 sind allesamt **kostenlos** zu besichtigen. Zur Stärkung gibt es ein **günstiges, regionales Mittagessen** in der alten Markthalle, der Plasa Bieu 7.

Eine Fahrt durch die **Hato Plains** (s. S. 61) ist, abgesehen von einem kleinen Wegezoll in Höhe von 5 NAF, kostenfrei. Eines der beeindruckendsten Naturschauspiele der Insel – **Watamula** 72 – ist frei zugänglich. Gleiches gilt für die **Salinen** Jan Thiel 35 und Jan Kok 54. Auch die **Aloe Vera Farm** 43 und das **Landhuis Chobolobo** 34 erheben keine Eintrittsgelder.

Auch bei dem Straßenfest **Punda Vibes** (s. S. 17) kann man jeden Donnerstag Livemusik, lokale Kunst und sogar ein Feuerwerk kostenlos genießen.

Die Likörfabrik im Landhuis Chobolobo 34 erhebt keinen Eintritt

Heiraten

Curaçao gehört weltweit zu einem der beliebtesten Flitterwochenziele. Die Insel hat sich auf **Strandhochzeiten** spezialisiert. Eine Handvoll professioneller **Hochzeitsplaner** organisiert vor Ort die Traumhochzeit, während das Brautpaar zu Hause lediglich die Koffer packen muss. Orte wie Blue Bay Beach 46, Kokomo Beach 50 oder Coral Estate (Karakter Curaçao) 56 bieten eine romantische Bilderbuchkulisse für das Ja-Wort. Auch viele Landhäuser (s. S. 46) öffnen ihre Pforten für ein Hochzeitsbankett.

Der **Hochzeitstourismus** ist ein einträgliches Geschäft, darum hat Curaçao den Antragsprozess vereinfacht. Zwar sind einige Dokumente zu besorgen, der bürokratische Aufwand ist aber nicht viel höher als in Deutschland. Alle Unterlagen müssen zwei Monate vor dem Hochzeitstermin vorliegen. Die Hochzeitsplaner vor Ort kümmern sich um die Genehmigung durch das Standesamt und klären alle Abläufe mit dem Rathaus. Folgende **Dokumente** sind für eine Hochzeit auf Curaçao beizubringen:

- Schriftlicher Antrag an das Rathaus mit zwei Wunschterminen für die Hochzeit
- Geburtsurkunden der Eltern der Brautleute
- Internationale Ledigkeitsbescheinigung und eine Beglaubigung
- Bei geschiedenen oder verwitweten Brautleuten: Kopien der Scheidungs- bzw. Todesurkunde

Die **Trauzeugen** müssen mindestens 21 Jahre alt sein, alle Dokumente höchstens sechs Monate. Drei Tage vor dem Hochzeitstermin muss das Brautpaar auf der Insel eintreffen.

Die **gleichgeschlechtliche Ehe** ist unter der aktuellen Gesetzgebung auf Curaçao nicht anerkannt. Private Zeremonien ohne offiziellen Trauschein werden dennoch von den Hochzeitsplanern organisiert.

Hochzeitsplaner

- **BanKasa Dream Weddings** <116> Kaya Kashimiri 59, www.bankasa.com
- **Celebrations**, www.celebrations-cur.com

Hygiene

Das **Leitungswasser** hat auf Curaçao **Trinkwasserqualität** und ist vollkommen unbedenklich. Immerhin gibt es auf der Insel eine der modernsten Entsalzungsanlagen der Welt.

Auf Curaçao gibt es normale **Sitzklosetts**, wie wir sie auch aus Mitteleuropa kennen. Die Hygiene in den Toiletten der Bars, Hotels und Restaurants ist überwiegend auf dem gleichen Niveau wie in Mitteleuropa. Einziges Manko: Die Spülung ist oft nicht ganz so kräftig. Daher wird an manchem stillen Örtchen auf Schildern darum gebeten, das Toilettenpapier in einen bereitgestellten Eimer zu werfen statt in die Toilette. Die Rohre werden sonst sehr leicht verstopft, was dem Besitzer Kosten und Unannehmlichkeiten bereitet.

Informationsquellen

Infostellen auf der Insel

In Willemstad gibt es keine **Touristeninformationen**, wie man es vielleicht aus anderen Urlaubsorten gewohnt ist. Das Büro des Touristikverbandes **Curaçao Tourist Board** befindet sich in Pietermaai 21:

■ **Curaçao Tourist Board (CTB)** <117> Pietermaai 19, Willemstad, Tel. +5999 4348200, www.curacaotouristboard.com, Mo.–Fr. 7.30–12 u. 13.30–17 Uhr

Einen **Infostand** mit vielen Flyern und Broschüren gibt es in der Nähe des Fort Amsterdam ❹, am Zugang zur Queen Emma Bridge ⓫. Die offiziellen Öffnungszeiten sind Mo.–Fr. 8–16.30 Uhr.

Erste und kompetente Anlaufstelle bei Fragen ist zunächst einmal die eigene **Hotelrezeption.** Die Rezeptionen der großen Hotels in Willemstad helfen verlorenen Urlaubern aber auch dann bereitwillig weiter, wenn sie nicht Gast des Hauses sind.

Curaçao im Internet

- **www.curacao.com:** Die offizielle Webpräsenz des Fremdenverkehrsamtes liefert ein umfassendes Verzeichnis an Unterkünften und Restaurants sowie viele Hintergrundinfos (auch auf Deutsch).
- **https://kpasa.com/curacao:** digitaler Veranstaltungskalender Curaçaos von Sport bis Kultur – die beste Informationsquelle für alle Nachtschwärmer und Unternehmungslustigen (auf Englisch)
- **www.curacaochronicle.com:** Portal mit aktuellen Nachrichten von der Karibikinsel (auf Englisch)
- **www.skempi.com:** Online-Streaming-Dienst mit den Klängen einheimischer Künstler – für alle, die sich musikalisch einstimmen möchten (auf Englisch)
- **www.curacao-art.com:** Website mit allen Infos und Events rund um die Kunstszene Curaçaos (auf Englisch)
- **www.1000awesomethingsaboutcuracao.com:** Das Crowdsourcing-Projekt ist eine Sammlung aller Besonderheiten der Insel. Die Benutzerführung ist nicht optimal, der Fundus aber unerschöpflich und überraschend (auf Englisch).

Publikationen und Medien

Die folgenden zwei Publikationen sind **kostenlos erhältlich.** Sie liegen am Flughafen, in vielen Hotels und Resorts, in Restaurants und im Büro des Fremdenverkehrsamtes (CTB, siehe links) aus.

- **My Curaçao Guide** ist ein jährlich erscheinendes Lifestyle- und Reisemagazin. Der handliche Guide gibt Tipps zu Restaurants, Veranstaltungen, Einkaufsmöglichkeiten, Unterkünften etc. Ausflüge können teils direkt über einen QR-Code, der auf die dazugehörige Website (www.mycuracaoguide.com) führt, gebucht werden.
- **Events Curaçao** ist ein umfassender Inselführer, der vom Fremdenverkehrsbüro Curaçaos mitfinanziert wird. Besonders nützlich sind der Veranstaltungskalender und der Stadtplan am Ende des Hefts. Für vereinzelte Aktivitäten gibt es in dem Heft Rabattgutscheine.

Internet

Curaçao ist für eine kleine Insel sehr gut an das Internet angeschlossen. Viele **Cafés, Restaurants und Bars** bieten ihren Gästen **kostenloses WLAN** an. Am besten fragt man einfach beim Personal nach „free WiFi". Nahezu alle **Hotels** bieten Internetzugang auf den Zimmern und in der Lobby. In **Punda** surft man mit dem *Curaçao Free WiFi* im ganzen Stadtteil kostenlos. Auch am Strand und am Flughafen (s. S. 116) erhält man häufig kostenlosen Internetzugang. Die kostenfreien Hotspots sind für den normalen Datentransfer ausreichend. Bei größeren Datenmengen, beispielsweise für Online-Streaming, wird die Verbindung jedoch recht instabil. Manche Hotels setzen auf eine Satellitenverbindung. Diese Internetverbindung ist immer dann gestört, wenn der Himmel bewölkt ist. Glücklicherweise kommt das auf Curaçao nicht allzu häufig vor.

LGBT+

Die Regenbogenfahne weht auf Curaçao an vielen Orten. Die kleine Antilleninsel hat sich schon vor Jahren als **Reiseziel der internationalen LGBT-Community** etabliert. Die meisten großen Hotels sind Mitglied im Internationalen Touristikverband für Schwule und Lesben (International Gay & Lesbian Travel Association, kurz IGLTA). Die Urlaubssituation für Homosexuelle ist auf Curaçao entspannt und sicher.

Die **gleichgeschlechtliche Ehe** wird aktuell auf Curaçao nicht anerkannt. Allerdings bieten Hochzeitsplaner (s. S. 123) private Zeremonien für homosexuelle Paare an.

Im Herbst findet jährlich das fünftägige Festival **Curaçao Pride** (s. S. 104) statt.

Medizinische Versorgung

Für die Einreise nach Curaçao sind **keine besonderen Impfungen** notwendig. 2015 und 2016 gab es in der Karibik einen Ausbruch des **Zika-Virus**, von dem auch Curaçao betroffen war. Die Symptome ähneln denen einer starken Grippe, eine Infektion kann aber auch von Hautausschlag begleitet werden. Eine Zika-Infektion in der Schwangerschaft kann zu Hirnfehlbildungen beim ungeborenen Kind führen. Einen Impfstoff gibt es bislang nicht. Nachdem mehr als ein Jahr lang keine Erreger mehr in den Proben entdeckt wurden, bewertete die Caribbean Public Health Agency (CARPHA) im August 2018 das Risiko einer Ansteckung mit Zika in der Karibik als sehr gering. Auch die Gefahr, sich mit den ebenfalls von Mücken übertragenen

„Süß und stolz" – die LGBT-Community ist fester Bestandteil Curaçaos

078cu-ctb©www.curacao.com

Krankheiten Denguefieber und Chikungunya zu infizieren, ist laut CARPHA sehr gering.

Die medizinische Versorgung auf Curaçao ist auf **europäischem Niveau.** Das **Curaçao Medical Center** in Otrabanda ist eines der größten und bestausgestatteten **Krankenhäuser** in der Karibik. Das Personal bringt häufig internationale Erfahrung mit und spricht gut Englisch. Hier gibt es neben einer Notaufnahme und einer Intensivstation auch eine Dekompressionskammer für Tauchunfälle. Das Krankenhaus wurde erst vor wenigen Jahren saniert und erweitert.

■ **Curaçao Medical Center** <118> Breedestraat 193, Otrabanda, Willemstad, Tel. +5999 4624900, Notruf Tel. 910, www.cmc.cw

Auf Curaçao gibt es außerdem **zwei Privatkliniken** und eine **Zahnklinik:**

› **Antillean Adventist Hospital** <119> Groot Davelaarweg 1, Santa Maria, Willemstad, Tel. +5999 7371992, www.adventhospital.com

› **Kliniek Dr J. Taams (Taams Clinic)** <120> Warawaraweg 4, Rooi Catochi, Willemstad, Tel. +5999 7365466, www.drjantaams.com

› **Dental Clinic Curaçao (Zahnklinik)** <121> Perseusweg 29, Willemstad, Tel. +5999 7672323, https://dentalcliniccuracao.com

Apotheken *(boticas)* sind auf der Insel zahlreich. Die Beratung ist kompetent. Außerhalb von Willemstad trifft man jedoch seltener auf englischsprachiges Personal. Dann sind Spanisch- oder Niederländischkenntnisse von Vorteil. Apotheken haben montags bis samstags von 8 bis 19 Uhr geöffnet.

■ **Botica Brion** <122> Breedestraat 33–35, Otrabanda, Willemstad, Tel. +5999 4627027

■ **Botica Juliana** <123> Julianaplein 2–6, Pietermaai, Willemstad, Tel. +5999 4654500

› **Botica in Barber** <124> Kaya Irene M. Schoop, Barber, Tel. +5999 8880543

■ **Botica Plasa** <125> De Ruyterkade 36, Punda, Willemstad, Tel. +5999 4615545

■ **Botica Popular** <126> Columbusstraat 15, Punda, Willemstad, Tel. +5999 4624900

Mit Kindern unterwegs

Die Curaçaoner sind Familienmenschen. Kinder werden mit offenen Armen empfangen. Der größte und beste Spielplatz für den Nachwuchs sind die flachen, sanften **Strände** der Insel. Hier sind immer viele Kinder und sogar Säuglinge anzutreffen.

Die Insel bietet Familien viele Aktivitäten und Sehenswürdigkeiten. Die **Straußenfarm** (Curaçao Ostrich Farm 42) und das **Sea Aquarium** 32 stehen ganz oben auf der Beliebtheitsskala der kleinen Urlauber. Mit dem **Trolley Train** (s. S. 20), der rosafarbenen Lok, tuckert man gelassen an allen Sehenswürdigkeiten der Altstadt von Willemstad vorbei – ganz ohne Quengelei.

Sportliche Kids nehmen an einem **Windsurfkurs** (z. B. bei Windsurfing Curaçao, s. S. 96) teil. Viele **Tauchschulen** bieten schon für Kinder unter zehn Jahren Tauchübungen im Pool an. Ab zehn Jahren können Nachwuchstaucher sogar einen zertifizierten PADI-Tauchkurs absolvieren.

Tierfans haben auf Curaçao weitere Anlaufstellen: Die Pferderanch **Rancho Alegre** 49 mit ihren vielen, gut gelaunten Bewohnern oder **The Jungle Experience Tour.** Die einstündige Tour auf dem Gelände des Hotels L'Aldea führt durch ein 4000 m² großes Areal mit Skulpturen und Nachbauten der Inka, Maya, Azteken und Arawak. Man erfährt dabei viel über den Regenwald und erlebt einige seiner Bewohner live.

Für kleine Abenteurer sind sicherlich auch die alten Festungen **Rif Fort** ⑬ und **Fort Beekenburg** ㊴ spannend. Vor dem Eingang zum Rif Fort gibt es einen Springbrunnen mit kleinen Fontänen, der an heißen Tagen von vielen Kindern begeistert genutzt wird.

Im Einkaufszentrum Sambil Curaçao gibt es einen auch für Kleinkinder geeigneten **Indoorspielplatz** mit Rutschen, Karussell und Klettergerüsten. Schulkinder können sich im **Trampolinpark Xtreme Zone** austoben.

Einige Hotels organisieren während der Saison ein **Kinderprogramm,** darunter das **Kunuku Aqua Resort** (s. S. 67). Es verfügt über eine große Poollandschaft mit Rutschen und Wasserspielen. 2022 wurde das Resort durch den **Funpark,** eine kleine Kirmes mit Rutschen, Autoscooter und einem Fahrgeschäft erweitert. Für 44 US$ pro Person (Kinder bis 12 Jahre 32 US$) kann man den Tag hier verbringen (10–17 Uhr).

Der teils sehr flache Infinity-Pool der **Koraal Rooftop Terrace** (s. S. 73) ist für Familien mit Kleinkindern gut geeignet, wenn auch nicht ganz preiswert. Entspannt essen kann man abends im **Landhuis Brakkeput Mei Mei** (s. S. 56), während sich der Nachwuchs auf dem angeschlossenen Spielplatz austobt.

› **L'Aldea Amazonia – The Jungle Experience Tour** <127> im Hotel L'Aldea, Santa Catharina 66, Tel. +5999 7676777, Di.–So. siebenmal tgl. zwischen 9 und 16 Uhr, Eintritt: Erw. 20 US$, erm. 10 US$

› **Kidi's Park im Sambil Curaçao** (s. S. 41), Tel. +5999 7350050 oder +5999 6764776, www.facebook.com/kidisparkcuracao, tgl. 10–21 Uhr, 1 Kind 20 NAF, 2 Kinder 30 NAF, 3 Kinder 35 NAF. Kinder müssen Socken tragen (keine Straßenschuhe).

› **Xtreme Zone im Sambil Curaçao** (s. S. 41), Tel. +5999 7352968 oder +5999 6701818

Für Kinder gibt es auf Curaçao viel zu entdecken

Notfälle

Polizei

Den Notruf erreicht man unter 917 oder 911. Darüber hinaus gibt es eine **Touristenpolizei** *(politur)* mit zwei Büros:

- **Allgemeine Hotline:** Tel. +5999 4636273, www.politurcuracao.cw
- **Politur (Touristenpolizei) Curaçao Beach Boulevard** <128> Unit 30, Tel. +5999 7350044
- **Politur (Touristenpolizei) World Trade Center** <129> Piscaderaweg z/n, 1. Stock Unit TM.I.29

Verlorene oder gestohlene Ausweisdokumente meldet man am besten direkt dem zuständigen **Konsulat** (s. S. 119). Hier können auch Ersatzpapiere ausgestellt werden.

Kartensperrung

Bei **Verlust der Debit-/Giro-, Kredit-** oder **SIM-Karte** gibt es für Kartensperrungen eine **deutsche Zentralnummer** (unbedingt vor der Reise klären, ob die eigene Bank bzw. der jeweilige Mobilfunkanbieter diesem Notrufsystem angeschlossen ist). **Aber Achtung:** Mit der telefonischen Sperrung sind die Bezahlkarten zwar für die Bezahlung/Geldabhebung mit der PIN gesperrt, nicht jedoch für das **Lastschriftverfahren mit Unterschrift.** Man sollte daher auf jeden Fall den Verlust zusätzlich **bei der Polizei zur Anzeige bringen,** um gegebenenfalls auftretende Ansprüche zurückweisen zu können.

In **Österreich** und der **Schweiz** gibt es keine zentrale Sperrnummer, daher sollten sich Besitzer von in diesen Ländern ausgestellten Debit- oder Kreditkarten vor der Abreise bei ihrem Kreditinstitut über den zuständigen Sperrnotruf informieren. Generell sollte man sich immer die **wichtigsten Daten** wie Kartennummer und Ausstellungsdatum **separat notieren,** da diese unter Umständen abgefragt werden.

- **Deutscher Sperrnotruf:** Tel. +49 116116 oder Tel. +49 3040504050
- **Weitere Infos:** www.kartensicherheit.de, www.sperr-notruf.de

Notrufnummern

- **Polizei und Feuerwehr:** Tel. 911
- **Krankenwagen:** Tel. 912
- **Curaçao Road Service (CRS):** Tel. 199
- **Pannendienst:** Tel. 9247
- **Küstenwache:** Tel. 913

Öffnungszeiten

Supermärkte, **Apotheken** und **Geschäfte** mit Dingen des täglichen Bedarfs öffnen i. d. R. bereits um 8 Uhr. Die meisten Läden empfangen spätestens um 9 Uhr Kundschaft. Allerdings machen die Händler früher Feierabend als in Mitteleuropa: Ab 18 Uhr haben nur noch wenige Geschäfte geöffnet. **Ämter** schließen sogar noch früher, oftmals bereits gegen 15 oder 16 Uhr. Gleiches gilt für **Banken.**

Außerdem ist es weit verbreitet, eine **Mittagspause** einzuhalten. Diese liegt in der Regel zwischen 12 und 14 Uhr. Sonntags und an gesetzlichen Feiertagen haben fast alle Geschäfte geschlossen.

Museen und andere **Sehenswürdigkeiten** haben großzügigere Öffnungszeiten. Allerdings wird dies sehr unterschiedlich gehandhabt. Am besten prüft man die Öffnungszeiten stets auf der Website, um Enttäuschungen zu vermeiden.

Post

Curaçaos Postsystem operiert **nicht so zuverlässig**, wie man es aus europäischen Ländern gewohnt ist. Briefe und Postkarten aus Curaçao kommen zwar an, brauchen aber meist mehr als zehn Tage. Pakete und Briefe nach Curaçao gehen regelmäßig verloren oder gelangen nur sehr verzögert zum Adressaten.

Eine **Postkarte** nach Deutschland kostet aktuell 2,01 NAF. **Briefmarken** *(postzegel)* bekommt man in Souvenirgeschäften und großen Hotels; in den Postfilialen kann es zu langen Wartezeiten kommen. In der Altstadt gibt es zwei große **Postämter** *(postkantoren)*, außerdem am Flughafen (s. S. 116).

- **CPost Otrabanda** <130> Breedestraat, Tel. +5999 4331291, Mo.-Do. 7.30-17, Fr. 7.30-16.30 Uhr
- **CPost Punda** <131> Waaigatplein 1, Tel. +5999 4331109, Mo.-Fr. 7.30-17 Uhr

Sicherheit

Curaçao ist eine der sichersten Karibikinseln. Die **Kriminalität** ist gering, da der Lebensstandard vergleichsweise hoch ist. Nichtsdestotrotz machen der Insel in den letzten Jahren immer häufiger **Drogenkartelle** zu schaffen. Vorwiegend südamerikanisches Kokain wird über Curaçao nach Europa gebracht. Bisher bekommt der Tourismus diese Entwicklung wenig zu spüren. Lediglich die **Kontrollen an den Flughäfen** sind sowohl in Europa als auch auf Curaçao verschärft worden. Abends kann es vorkommen, dass man in Otrabanda von einem Dealer angesprochen wird. Hier sollte man sich nach Sonnenuntergang besser nicht alleine aufhalten. Auch sollte man die **Strände in Banda Abou** (s. S. 62) im Dunkeln meiden, um nicht zum unerwünschten Zaungast illegaler Geschäfte zu werden. Vereinzelt wird von **Überfällen** an den sehr abgelegenen Hotelanlagen im Westen Curaçaos berichtet. Abgesehen davon gelten die üblichen **Vorsichtsmaßnahmen:** Man sollte keine Wertgegenstände im Auto liegen lassen, erst recht nicht an vermeintlich einsamen Orten wie Watamula 72 oder den Hato Plains (s. S. 61). Gerade hier haben Diebe leichtes Spiel. Am besten nimmt man an solchen Orten alles heraus und schließt den Wagen nicht ab. Wer Opfer eines Überfalls wird, gibt seine Wertgegenstände am besten schnell heraus und lässt es nicht auf eine gewalttätige Auseinandersetzung ankommen.

Auf der Insel operiert unter dem Namen *politur* eine **Touristenpolizei.** Die Einheit versteht sich als Ansprechpartner in allen Belangen der Sicherheit und des Wohlergehens von Urlaubern. Es gibt drei Büros (s. S. 128).

Sprache

Curaçao ist ein klassischer Schmelztiegel. Die kleine Insel hat nicht nur eine vielfältige Geschichte, hier leben auch viele Nationen und Kulturen unter der karibischen Sonne zusammen. Entsprechend groß ist das Sprachrepertoire. Die meisten Einheimischen sprechen drei Sprachen fließend: die auf den ABC-Inseln verbreitete Kreolsprache **Papiamentu** (s. Kleine Sprachhilfe S. 136) als Muttersprache, **Niederländisch** durch die Anbindung an das Königreich und **Spanisch** aufgrund der räumlichen Nähe zu Süd- und Mittelamerika. Es kommen nicht nur südamerikanische Touristen und Arbeiter auf die Antilleninsel, auch die Curaçaoner arbeiten und leben zeitweise in Süd- und Mittelamerika.

Darüber hinaus sprechen viele Menschen **Englisch.** Das gilt insbesondere für Mitarbeiter in Restaurants, Hotels und Ferienapartments sowie Angestellte von Museen und Sehenswürdigkeiten. Hier gibt es auch Informationen (zum Beispiel Speisekarten) in englischer Sprache. Je weiter man sich von Willemstad entfernt, desto rudimentärer werden die Englischkenntnisse bei den Insulanern. Außerhalb der Tourismusbranche dominieren Niederländisch und Spanisch. Die **niederländischen Einwanderer** hingegen sprechen alle gutes Englisch, zum Teil sogar **Deutsch.**

Telefonieren

Die **internationale Vorwahl** für Curaçao lautet **005999.** Weitere Vorwahlen, beispielsweise für Städte oder Regionen, gibt es nicht. Auch Handynummern beginnen immer mit 005999.

Wenn man ein deutsches Handy nutzt, muss die Vorwahl mitgewählt werden. Bei Anrufen von ortsansässigen Anschlüssen (z. B. Hotel) kann man die Vorwahl weglassen.

Vorwahlen

- **Curaçao:** 005999
- **Deutschland:** 0049
- **Österreich:** 0043
- **Schweiz:** 0041

Kostenfalle Datenroaming

Das **Handynetz** ist auf der gesamten Insel sehr gut ausgebaut. Deutsche Handys funktionieren normalerweise problemlos. Allerdings sind die **Roamingkosten** enorm hoch. Man sollte daher vor der Reise bei seinem Netzbetreiber Informationen über evtl. günstigere Auslandsdatenpakete einholen oder zur Sicherheit die Mobile-Daten-Option deaktivieren und nur über kostenlose WLAN-Netze ins Internet gehen.

Wer viel telefonieren möchte, schafft sich am besten eine **lokale SIM- bzw. Prepaid-Karte** an. Dafür muss man nur einmal ins Geschäft. Danach kann das Guthaben nach Bedarf in kleinen Schritten, beispielsweise mit 5 NAF, aufgeladen werden. Sogenannte **Top-up-Karten** gibt es in allen Supermärkten und vielen Tokos (Kiosken). Die beste Netzabdeckung bietet der Anbieter Digicel. Auch die Anbieter UTS und Scarlet sind empfehlenswert.

Trinkgeld

Trinkgelder sind auf Curaçao üblich. Am besten man hält stets 1-Gulden-Münzen parat, um sich erkenntlich zu zeigen. Ähnlich wie in Mitteleuropa rundet man im Taxi auf und gibt **bis zu 10 % Trinkgeld.** In **Restaurants** wird meist ohnehin ein **Serviceaufschlag** *(service charge)* von 10 % erhoben. Dann bleibt es jedem selbst überlassen, ob man dem Personal noch zusätzlich Trinkgeld geben möchte. Im Supermarkt packen Helfer die Einkäufe in Tüten und tragen sie zum Auto. Dafür wird ein Trinkgeld von 1 NAF erwartet. Bei einem Großeinkauf darf es auch mal etwas mehr sein.

Uhrzeit

Auf Curaçao gibt es keine Sommerzeit, deshalb ist die Zeitverschiebung zur mitteleuropäischen Zeitzone (MEZ) nicht das ganze Jahr über gleich. In der **Sommerzeit** liegt die zeitliche Differenz bei **sechs Stunden.** In der Winterzeit muss man seine Uhr nur fünf Stunden zurückdrehen.

Unterkunft

Auf Curaçao gibt es Unterkünfte für jeden Anspruch und jeden Geldbeutel. Im **Südosten** findet man eher **klassische Hotelanlagen** mit Pool, künstlichem Strand und Unterhaltungsprogramm. Zwischen 2020 und 2022 haben die Neueröffnungen von gleich drei **All-Inclusive-Anlagen** für Furore gesorgt: das Sandals Royal an der Santa Barbara Bay wurde eröffnet, das ehemalige Hilton-Gelände zum Dreams Curaçao umgebaut (s. S. 45) und der Mangrove Beach Resort im Hafen neu gebaut. Solche luxoriösen Anlagen gab es auf der Insel bislang nicht.

Trotzdem sind die Hotels im Vergleich zu vielen anderen Zielen sehr behutsam in die Landschaft eingefügt. Oft verteilen sich die Zimmer auf mehrere kleine Gebäude, die nicht mehr als drei Stockwerke haben und häufig liegen sie versteckt in rundherum angelegten tropischen Gärten. Wer es etwas urbaner mag, findet in **Pietermaai** (21) charmante **Boutiquehotels** in fußläufiger Entfernung zu Bars und Restaurants. Wer Ruhe und die Nähe zur Natur sucht, wird im **Westen der Insel (Banda Abou)** fündig. Hier gibt es vorwiegend Apartmentanlagen, die aber auch viel Service bieten.

Auf Curaçao haben speziell günstigere Ferienwohnungen nicht unbedingt **Warmwasser.** Meistens merkt man den Unterschied kaum, weil das Wasser bereits in den Leitungen durch die Sonne aufgeheizt wird. Wer viel Wert auf heißes Duschen legt, sollte sich vor der Buchung vergewissern, dass die Unterkunft über Warmwasser verfügt.

Hotels

Doppelzimmer in guten **Mittelklassehotels** kosten etwa 120–180 € pro Nacht; in der Nebensaison kann man günstige Schnäppchen machen. **Einfache Hotelzimmer** sind ab 80–100 € pro DZ zu bekommen. Hotels sind im Rahmen von **Pauschalbuchungen** oft preiswerter als bei individueller Reservierung. Wer seinen Urlaub selbst organisiert, schreibt die Unterkünfte am besten direkt an. Je nach Saison und Auslastung bieten diese mitunter deutlich niedrigere Preise an, als auf der Website angegeben ist.

Zusatzkosten bei Hotelbuchungen

Bei Hotelbuchungen fällt neben dem Zimmerpreis noch die **gesetzliche Touristenabgabe** in Höhe von 7 % an. Es ist durchaus üblich, dass diese Zusatzgebühren, ebenso wie die **Servicegebühr** *(service charge)* von bis zu 17 %, nicht im Übernachtungspreis enthalten sind. Selbst bei Vorabbuchungen per Kreditkarte wird vielen Urlaubern bei der Abreise noch eine Rechnung präsentiert. Es empfiehlt sich daher, bei Individualbuchungen genau auf die im Buchungspreis enthaltenen Posten zu achten. Bei Pauschalbuchungen muss man hingegen keine Überraschung erwarten.

Ferienwohnungen

In den letzten Jahren haben viele Privatleute **kleine Ferienapartments** in ihre Gärten gebaut. Diese sind deutlich günstiger, bieten mehr Platz und oftmals kaum weniger Komfort als die klassischen Hotels. Hinzu kommen große **Apartmentanlagen** von einfach bis luxuriös. Der Trend ist auf Curaçao so stark, dass die Auslastung der großen Hotels spürbar darunter leidet.

Die **Kosten** für Übernachtungen in einer Ferienwohnung schwanken je nach Saison: Zur Hochsaison während des europäischen Sommers und um den Jahreswechsel bekommt man ein Apartment mit zwei Schlafzimmern in einer guten Lage für 80–100 € pro Nacht. Im Frühjahr kann man bereits für 60 € bequem unterkommen. Anlagen, die nicht direkt am Wasser liegen, gibt es teilweise bereits ab 40 € pro Nacht.

Eine große **Auswahl** an Ferienwohnungen findet sich zum Beispiel bei www.dreamrentalscuracao.de.

Verhaltenstipps

Die Curaçaoner sind den Umgang mit Touristen gewohnt und sehr hilfsbereit. Am weitesten kommt man als Urlauber, wenn man den Einheimischen mit einigen Wörtern in **Papiamentu** (s. Kleine Sprachhilfe S. 136) begegnet. Ein einfaches „Bon día!" reicht als Eisbrecher schon aus.

Generell ist es auf Curaçao üblich zu **grüßen**. Wer nicht grüßt, gilt als unhöflich. Die Pflicht liegt bei demjenigen, der neu hinzustößt. Sogar von Kunden, die ein Geschäft betreten, wird erwartet, dass sie das Verkaufspersonal begrüßen. Im Zuge der Internationalisierung ist man hier zwar etwas flexibler geworden. Dennoch gilt: Beim Grüßen sollte man großzügig sein, etwa wenn man auf dem Weg ins Restaurant an Nachbarn vorbeikommt.

Leguane sind auf Curaçao allgegenwärtig. Die Tiere sind längst an Menschen gewöhnt und rühren sich nur von ihrem Sonnenfleck, wenn es gar nicht anders geht. An beliebten Stränden wie Blue Bay Beach 46 oder Playa Lagun 66 kommen die „Mini-Dinosaurier" mittlerweile furchtlos in die Snackbars gekrabbelt. Für europäische Urlauber sind sie eine kleine Attraktion. Leider füttern viele Menschen die Leguane mit Essensresten. Das ist nicht nur ungesund für die Tiere, sondern macht sie aggressiv. Deshalb sollte man die Tiere **nicht füttern.**

Nackt- und „Oben ohne"-Baden ist gesetzlich verboten. Dennoch wird es an wenigen Stränden wie der Jan Thiel Bay 36 oder dem Mambo Beach 31 toleriert. Es entspricht jedoch nicht den üblichen Gepflogenheiten.

Verkehrsmittel

Bus

Der öffentliche Nahverkehr wird **von Touristen nur wenig genutzt.** Das liegt in erster Linie daran, dass es kaum Informationen dazu gibt. Außerdem sind die Busse – Straßenbahnen gibt es auf der Insel nicht mehr – nicht gerade für ihre Pünktlichkeit bekannt. Wer jedoch etwas **Abenteuerlust und Gelassenheit** mitbringt, kommt auch per Bus über die Insel und spart dabei noch eine Menge Geld.

Auf Curaçao gibt es zwei Arten von Bussen: Die **großen Linienbusse** heißen **Konvoi.** Sie fahren auf mehr

Per Anhalter?

Auf Curaçao ist es **nicht üblich**, per Anhalter zu fahren. Auch wenn die Menschen hier sehr hilfsbereit sind und die Kriminalität vergleichsweise gering ist, sind die Inselbewohner dies schlichtweg nicht gewohnt. Um Schwierigkeiten zu vermeiden, verzichtet man besser darauf.

079cu-bw

Wer auf Curaçao Bus fährt, muss sich auf Wartezeiten gefasst machen

als 20 Strecken über die Insel. Die Konvois steuern in erster Linie die Hauptorte und große Strände an, ferner den von Willemstad etwa 10 km entfernten **Flughafen** (s. S. 116).

Zusätzlich zu den Konvois gibt es noch etwa 300 **Minibusse**, die individuell betrieben werden. Man erkennt sie an dem **Kennzeichen BUS**. Die Minibusse decken eine bestimmte Gegend ab, haben aber nicht unbedingt eine fixe Route und fahren auch nicht nach einem festgelegten Fahrplan. Sie halten an den regulären Bushaltestellen, man kann sie jedoch auch entlang der Straße **per Handzeichen** zum Halten bringen. Die Minibusse sind bei den Einheimischen ausgesprochen beliebt, weil sie gegen ein kleines Entgelt auch zu einer bestimmten Adresse entlang der Route fahren. Daher sind sie auch oft voll und nehmen keine weiteren Passagiere auf. Für Urlauber sind aus diesem Grund die Konvois die einfachere Variante.

Die **Inselhauptstadt Willemstad** ist prinzipiell gut an das Busnetz angeschlossen. Die Konvoi-Busse fahren zwar regelmäßig, aber auf vielen Routen nur ein- bis zweimal pro Stunde, teilweise sogar nur alle zwei Stunden. Außerdem verkehren sie nur selten nach Fahrplan. **Wartezeiten** sollten deshalb großzügig eingeplant werden. Dafür kostet eine Busfahrt meist nur zwischen 2 und 4 NAF, die **Tickets** sind im Bus zahlbar. Regelmäßige Abfahrten finden zwischen 6 und 23 Uhr statt. An Sonntagen ist der Busverkehr eingeschränkt.

Die beiden großen **Busbahnhöfe** befinden sich in Otrabanda und in Punda. Punda wird von zehn Buslinien angefahren, Otrabanda von elf.

- › **Autobusbedrijf Curaçao N.V. (ABC)**, Tel. +5999 8684733 (tgl. 7.30–16.30 Uhr), http://autobusbedrijf.com
- ■ **Busbahnhof Otrabanda** <132> Sebastopolstraat
- ■ **Busbahnhof Punda** <133> De Ruyterkade, neben dem Postamt

Taxi

Taxen erkennt man an dem **Kennzeichen TX** und am **Taxi-Zeichen auf dem Dach.** In der Altstadt gibt es zwei große Taxistände: An der Breedestraat in Punda und im De Rouvilleweg in Otrabanda. Taxen sind aber auch in der Nähe aller großen Hotels, Restaurants und Strände zu finden.

Für die meisten Routen gelten **feste Preise**. Darum sollte man sich nicht wundern, wenn ein Taxi über **kein Taxameter** verfügt. Es ist üblich, sich mit dem Taxifahrer vor Fahrtantritt über den Preis zu einigen. Man sollte nicht vergessen, dabei nach der **Währung** (NAF oder US$) zu fragen! Wer auf Nummer sicher gehen möchte, lässt sich an der Hotelrezeption vorab eine grobe Einschätzung des Fahrpreises nennen.

Wetter und Reisezeit

Hochsaison ist auf der Antilleninsel von Dezember bis April. Aber Curaçao ist ein Ganzjahresziel. Die **Temperaturen** reichen für einen Badeurlaub stets aus: Das Wasser ist ganzjährig etwa 26 °C warm. Die Durchschnittstemperatur auf Curaçao liegt bei 28 °C. Um die Mittagszeit wird es etwas heißer, während am Abend eine leichte Brise aufzieht. Auch nachts fallen die Temperaturen selten unter 24 °C. Die **Luftfeuchtigkeit** hält sich in Grenzen, sodass die Wärme sehr gut auszuhalten ist. Insgesamt ist das **Klima** sehr trocken. Pro Monat fallen im Schnitt nur 25 mm Niederschlag. Trotzdem gibt es eine **Regenzeit** etwa von Ende September bis Januar oder Februar. Im September ist es besonders heiß und schwül. Die Luft ist deutlich schwerer, weil der erfrischende Passatwind ausbleibt. Der Regen fällt meist in den frühen Morgenstunden oder während der Nacht. Bis zum Mittag ist es häufig bewölkt, dann klart es meist auf. Wenn am Nachmittag doch noch ein Schauer kommt, zieht er in der Regel nach einer halben Stunde vorüber. Zwar liegt Curaçao **außerhalb des Hurrikangürtels**, im **Januar** hat es in den letzten Jahren jedoch längere Phasen mit starken Regengüssen gegeben, die zum Teil zu Überschwemmungen geführt haben. Erdbeben oder Waldbrände sind selten.

Solange man sich nicht in den Touristenhochburgen im Südosten der Insel aufhält, wirkt Curaçao selbst zur Hauptreisezeit nicht überlaufen. Wer günstig buchen möchte, fliegt **im April oder Mai** auf die Insel. Auch der **Herbst** bietet sich aus Kostengründen an. Die wenigen Wolkentage und kurzen Regenschauer schränken die Urlaubsqualität kaum ein.

Durchschnitt	Wetter auf Curaçao											
Maximale Temperatur	29°	29°	30°	30°	31°	31°	31°	32°	32°	32°	31°	30°
Minimale Temperatur	24°	24°	24°	25°	26°	26°	26°	26°	26°	26°	25°	24°
Regentage	8	5	3	3	3	3	6	5	5	8	10	12
Wassertemperatur	26°	25°	26°	26°	26°	27°	27°	28°	28°	28°	28°	27°
	Jan	Febr	März	Apr	Mai	Juni	Juli	Aug	Sept	Okt	Nov	Dez

☒ *Chichis sind auf Curaçao der Inbegriff von Weiblichkeit und – im Miniaturformat – ein beliebtes Mitbringsel*

ANHANG

014cu-bw

Kleine Sprachhilfe Papiamentu

„**Papia**" bedeutet so viel wie sprechen, „**-mentu**" ist eine Wortendung, die sich auf die Art und Weise bezieht, wie man etwas tut. Die **Kreolsprache** Papiamentu ist durch viele verschiedene Einflüsse entstanden. Die **Aussprache** zeigt jedoch viel Ähnlichkeit mit dem Spanischen und Portugiesischen. Da es auf den ABC-Inseln, zu denen Curaçao zählt, einige Dialekte gibt, sind die **Schreibweisen** zum Teil verschieden: Auf Aruba schreibt man Haus beispielsweise „cas", auf Curaçao und Bonaire „kas".

Die **Buchstaben** werden weitestgehend wie im Deutschen gesprochen. Hier sind diejenigen Buchstaben aufgeführt, deren Aussprache vom Deutschen abweicht:

c	scharfes s (vor e und i), ansonsten k
ch	tsch
ñ	nj (wie im Spanischen)
q	k
v	hartes w
w	weiches w
sh	sch
ie/oe/ue	beide Buchstaben werden einzeln ausgesprochen

Zahlen

0	*sero*
1	*un*
2	*dos*
3	*tres*
4	*kuater*
5	*cinku*
6	*seis*
7	*shete*
8	*ocho*
9	*nuebe*
10	*dies*
100	*shen*

Fragewörter

Was?	*Kiko?*
Wo?	*Unda?*
Wann?	*Ke dia/ora? (welcher Tag/welche Stunde?)*
Wer?	*Ke?*
Welche/r/s?	*Kuá?*
Warum?	*Pakíko?*
Wie?	*Con?*
Wie viel?	*Kuantu?*

Richtungsangaben

rechts	*drechi*
links	*robes*
gegenüber	*enfrente*
zwischen	*entre*
hinter	*patras*
hier	*aki*
dort	*ei*

Wochentage

Montag	*djaluna*
Dienstag	*djamars*
Mittwoch	*djarason*
Donnerstag	*djaweps*
Freitag	*djabièrne*
Samstag	*djasabra*
Sonntag	*djadomingu*

Begrüßen und Verabschieden

Willkommen!	*Bon bini!*
Guten Morgen! (bis mittags)	*Bon día!*
Guten Tag! (nachmittags)	*Bon tardi!*
Guten Abend!	*Bon nochi!*
Tschüss!	*Ayo!*

Ein freundliches „Bon día" ist auch im Café nützlich

Die wichtigsten Floskeln und Redewendungen

ja	*si*
nein	*nò*
Wie heißt du?	*Ku bo nomer ta?*
Mein Name ist …	*Mi nomber ta …*
Wie geht es dir?	*Kon ta bai?*
Mir geht es gut.	*Mi ta bon.*
danke	*danki*
vielen Dank	*masha danki*
bitte	*por fabor*
bitte schön, sehr gerne	*di nada*
Entschuldigung	*Mi dispuense*
Wo ist das Hotel?	*Unda e hotél ta keda?*
Wo ist der Strand?	*Unda e playa ta?*
Welchen Bus muss ich nehmen?	*Kua bús mi mester tuma?*
Wie viel kostet ein Taxi?	*Kuantu e taxi ta kosta?*
Was kostet das?	*Kuanto e ta costa?*
Wie spät ist es?	*Kuant or tin?*
Wie komme ich nach …?	*Con mit a jega …?*
Gibt es hier eine Toilette?	*Tin un baño akinan?*
Was ist das?	*Kiko esaki ta?*
Ich verstehe nicht.	*Mi no ta komprondе.*
Sprechen Sie Englisch?	*Bo por papia Ingles?*
Hilfe!	*Yuda mi!*
Ich habe Hunger.	*Mi tin hamber.*
Ich habe Durst.	*Mi tin set.*
Ich bin krank.	*Mi ta malu.*
Lass uns nach Hause gehen.	*Ban kas.*
mein Schatz	*mi dushi*

085cu-bw

Register

084cu-bw

Impressum

Barbara Ward

InselTrip Curaçao

4., neu bearbeitete und aktualisierte Auflage 2024

ISBN 978-3-8317-3784-0

Printed in Germany

Druck und Bindung:
mediaprint solutions GmbH, Paderborn

Herausgeber: Ulrich Kögerler, Klaus Werner
Layout: amundo media GmbH (Umschlag, Inhalt), Peter Rump (Umschlag)
Lektorat: amundo media GmbH
Karten: Ingenieurbüro K. Wendler, amundo media GmbH
Anzeigenvertrieb: KV Kommunalverlag GmbH & Co. KG, Alte Landstraße 23, 85521 Ottobrunn, Tel. 089 928096-0, info@kommunal-verlag.de
Kontakt: Osnabrücker Str. 79, 33649 Bielefeld, info@reise-know-how.de

Alle Angaben in diesem Buch sind gewissenhaft geprüft. Preise, Öffnungszeiten usw. können sich jedoch schnell ändern. Für eventuelle Fehler übernehmen Verlag wie Autorin keine Haftung.

Bildnachweis

Umschlagvorderseite: © Gail Johnson, stock.adobe.com | Umschlagrückseite und Umschlagklappe rechts: © Curaçao Tourist Board (www.curacao.com)
Soweit ihre Namen nicht vollständig am Bild vermerkt sind, stehen die Kürzel an den Abbildungen für die folgenden Fotografen, Firmen und Einrichtungen. Barbara Ward: bw | Curaçao Tourist Board (www.curacao.com): ctb

Zeichenerklärung

- 1 Hauptsehenswürdigkeit
- Aussicht
- Flughafen
- ▲ Gipfel
- Golfplatz
- Hafen
- Höhle
- Kirche, Kloster
- Museum
- ★ Sehenswürdigkeit
- Strand
- Tauchrevier
- Windrad

- Unterkünfte
- Essen und Trinken
- Einkaufen/Sonstiges
- Nachtleben

Bewertung der Attraktionen

- ★★★ nicht verpassen
- ★★ besonders sehenswert
- ★ wichtig für speziell interessierte Besucher

Preiskategorien

Unterkünfte

Preise für ein Doppelzimmer ohne Frühstück:

€	bis 80 €
€€	80–100 €
€€€	100–150 €
€€€€	über 150 €

Restaurants

Preise für ein Hauptgericht:

€	bis 10 €
€€	10–20 €
€€€	20–30 €
€€€€	über 30 €

Curaçao mit PC, Smartphone & Co.

QR-Code auf dem Umschlag scannen oder **www.reise-know-how.de/inseltrip/curacao24** eingeben und die **kostenlose Web-App** aufrufen (Internetverbindung zur Nutzung nötig)!

★**Anzeige der Lage und Satellitenansicht aller** beschriebenen Sehenswürdigkeiten und weiteren Orte
★**Routenführung** vom aktuellen Standort zum gewünschten Ziel
★**Audiotrainer** der wichtigsten Wörter und Redewendungen
★**Updates** nach Redaktionsschluss

GPS-Daten zum Download

Die GPS-Daten aller Ortsmarken stehen auf der Produktseite des Titels auf www.reise-know-how.de zum Download zur Verfügung.

Inselplan für mobile Geräte

Um den Inselplan auf Smartphones und Tablets zu nutzen, empfehlen wir die App „Avenza Maps“ der Firma Avenza™. Über die Funktion „Store“ kann die „Islandmap Curacao 2024“ kostenlos geladen werden.

Die Information über und die Bereitstellung von digitalen Zusatzinhalten (z. B. Web-App, Links, GPS-Tracks o. Ä.) ist eine freiwillige Zusatzleistung des Verlages, auf die kein Anspruch besteht und für deren Richtigkeit aufgrund der Veränderlichkeit solcher Informationen auch nicht gehaftet werden kann. Insbesondere behält sich der Verlag deshalb vor, die Bereitstellung und die Zugriffsmöglichkeit zeitlich zu befristen und den Zugriff hierauf auch vorfristig abzuschalten.

Hauptstadt Willemstad

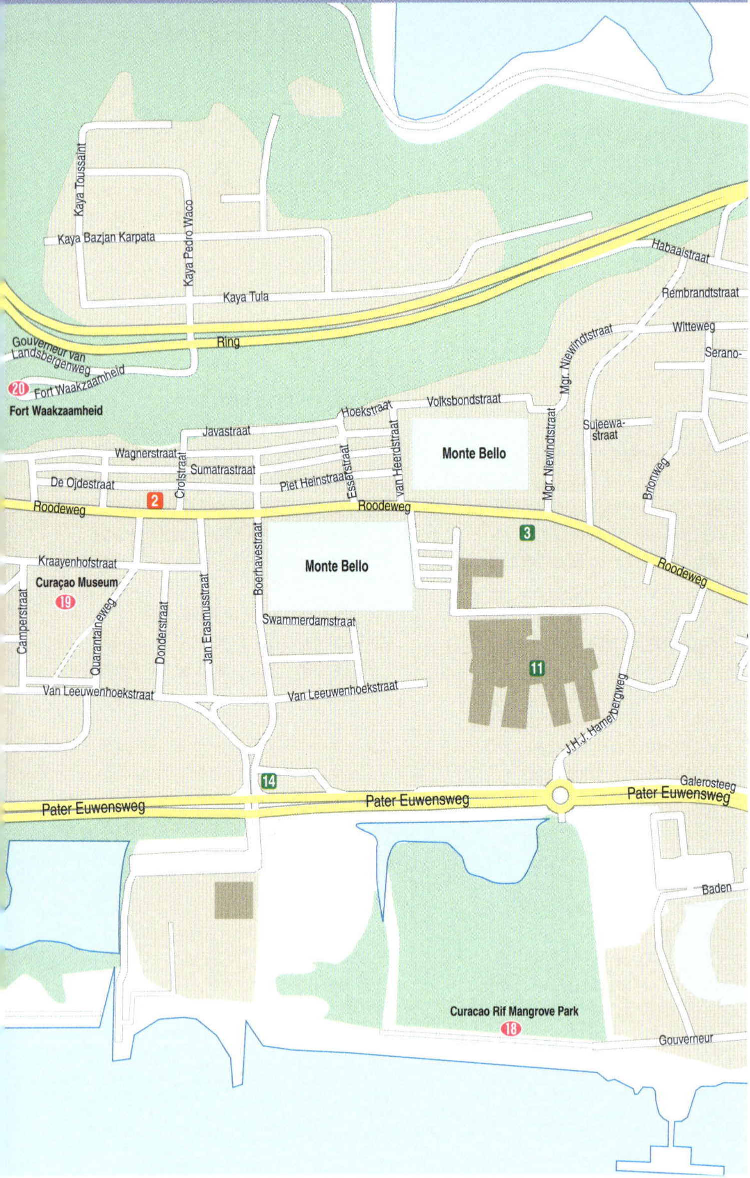

■ **Essen und Trinken**

1 Fort Nassau
7 Netto Bar
12 Gouverneur de Rouville
15 The Wine Cellar
21 Café Copacabana
26 Kome
27 Plein Café Wilhelmina
29 Mundo Bizarro
30 Cascada Rooftop Bar
36 Van Gogh Coffee
37 BijBlauw
39 Saint Tropez Ocean Club
41 The Waterfort Terrace